Hannes Leopoldseder/Helmut Obermayr (Hrsg.)

DAS FRIEDENSLICHT

Die Geschichte eines Weihnachtsbrauches
unserer Zeit

VERITAS

Bildnachweis

Rupert Baumgartner, St. Florian: Umschlagmotiv, 11, 13, 15, 55, 57, 59, 61, 63, 65, 67, 73

L'Osservatore Romano, Citta del Vaticano, Servizio Fotografico, Arturo Mari: 8, 33 unten, 53

Fred Scheucher: 17 (beide), 19 unten

Foto Felici, Rom: 19 oben, 33 oben

C + R-Bild, Ottensheim: 21, 22 (alle 4), 23 (alle 4)

ORF, GÖA-Photographie: 29, 35 (beide), 37 unten (beide)

ÖBB: 37 oben

AUA: 38

Privatfotos: 41, 43, 47, 48, 49, 50, 52

Hofer-Kerzen, Weyer: 69 (alle 4), 71

Pfadfinder, Wien: 77 (alle 4)

CIP-Titelaufnahme der Deutschen Bibliothek

Das **Friedenslicht** : die Geschichte eines Weihnachtsbrauches
unserer Zeit / Helmut Obermayr
(Hrsg.). — 1. Aufl. — Linz : Veritas, 1990
ISBN 3-85329-826-5
NE: Leopoldseder, Hannes [Hrsg.]

© Veritas-Verlag Linz; alle Rechte vorbehalten
Gedruckt in Österreich; 1. Auflage/1990
Umschlagmotiv: Rupert Baumgartner, St. Florian
Gesamtherstellung: LANDESVERLAG Druck Linz

ISBN 3-85329-826-5

INHALT

DER PRÄSIDENT
DER REPUBLIK ČSFR

Vážení a milí přátelé,
„Světlo míru z Betléma", které jste k nám dopravili poprvé o minulých vánocích, nás zahřálo a osvítilo. Bylo nejen symbolem vánočního míru, ale i symbolem našeho návratu do Evropy, našeho nového sousedského přátelství, i židovsko-křesťanské tradice, na níž stojí i naše kultura. Lidé z Jižních Čech si odnášeli světlo z Betléma do svých domovů, potěšilo tělesné postižené. Vaše akce na pomoc postiženým "Licht ins Dunkel" se mi velmi líbí a přeji Vám všem hodně vytrvalosti, neboť šíření světla v temnotách není lehká práce.

Přeji Vám hodně úspěchů a radosti.

Váš Václav Havel

Sehr geehrte und liebe Freunde,
das „Friedenslicht aus Bethlehem", das Ihr erstmals zur vorigen Weihnacht zu uns gebracht habt, hat uns erwärmt und erleuchtet. Es wurde nicht nur zum Symbol für den Weihnachtsfrieden, sondern auch Symbol unserer Rückkehr nach Europa, unserer neuen nachbarschaftlich-freundschaftlichen Beziehung, sowie auch der jüdisch-christlichen Tradition, auf der unsere Kultur beruht. Menschen aus Südböhmen trugen das Licht aus Bethlehem in ihr Heim, es erfreute auch viele Behinderte. Ihre Aktion zur Hilfe für Behinderte „Licht ins Dunkel" gefällt mir sehr, und ich wünsche Ihnen allen viel Beharrlichkeit, weil die Verbreitung von Licht im Dunklen keine leichte Arbeit ist.

Ich wünsche Ihnen viel Erfolg und Freude.

Ihr Vaclav Havel

PAPST JOHANNES PAUL II.
BEI DER AUDIENZ AM 16. DEZEMBER 1989

Die Lichter, die die dunkelste Zeit des Jahres erhellen, sollen uns daran erinnern, daß das wahre Licht durch die Geburt Jesu auf diese Erde kam. Zu Weihnachten feiern wir diesen Einbruch des Lichtes in unsere Dunkelheit, in unsere Schmerzen und Tränen, in unsere Krankheit und unser Leiden.
In Jesus, in dem das göttliche Licht erschienen ist, teilt Gott unser Leben und lebt es mit uns.
Weihnachten ist für uns dann wahr, wenn es in uns gegenwärtig wird. Wir können nur dann freie und frohe Menschen sein, wenn wir wiedergeboren werden durch den Geist Jesu, wenn wir den Sinn dafür bewahren, daß erst der erneuerte Mensch die Welt licht und friedvoller zu machen vermag.
Die Liebe des göttlichen Kindes nimmt uns an, wie wir sind. Wir müssen es nur selbst aufnehmen. Dann macht uns der Herr bereit, daß wir einander annehmen, geduldig vergeben und fähig zu Frieden und Eintracht leben. Zur Sache des Friedens gehört es auch, daß wir aus unserem Glauben an Gott, den Schöpfer, Sorge für die ganze Schöpfung tragen.
In meiner Botschaft zum Weltfriedenstag 1990 weise ich darauf hin, daß die Achtung vor dem Leben und vor der Würde der menschlichen Person auch die Achtung Gottes und die Sorge für die Schöpfung beinhaltet, die berufen ist, mit den Menschen zusammen Gott zu verherrlichen.
Möge die Geburt des Gottessohnes uns allen Licht, Freude und Hoffnung schenken, damit wir in guten und schweren Tagen weiter mit Christus den Weg des Friedens gehen können.

Hannes Leopoldseder

DAS LICHT
IM NETZWERK DES FRIEDENS

Nicht nur Peter Sloterdijk macht die Geschwindigkeit zu einem Phänomen unserer Zeit. Wandel und Geschwindigkeit werden mehr und mehr zu bestimmenden Faktoren der Zeitwende. Wie ein Maelstrom scheint das zu Ende gehende Jahrtausend politische, geistige, aber auch wirtschaftliche Entwicklungen noch zu beschleunigen, um dem nächsten Millennium in einer offenen Weite entgegen zu treten.

Jahreszeiten, Abläufe in der Natur, Feste und Feiertage prägen das Jahr; aber dazu kommen noch geschaffene Markierungspunkte, die sich ebenfalls in den Jahreslauf einordnen und bei konstanter Wiederkehr zu fixen Bestandteilen im Leben durch das Jahr werden.

Zum Entstehen solcher Fixpunkte tragen heute wesentlich die Medien bei, wenn man an die jährlich wiederkehrenden Großereignisse denkt, die Millionen Menschen in den Bann ziehen. Die elektronischen Medien, Radio und Fernsehen, werden in unseren Jahrzehnten mehr und mehr zu Schöpfern neuer Ereignisse, zu Schöpfern von Traditionen und Markenzeichen.

Weihnachten und „Licht ins Dunkel", die vor über einem Jahrzehnt angelaufene ORF-Aktion für die Behinderten, sind nahezu ein Synonym geworden. Die Hilfe für die Behinderten hat bei dieser Aktion einen besonderen Stellenwert, sowohl für das Bewußtsein als auch für das Aufbringen der notwendigen Spenden.

Die Aktion „Licht ins Dunkel" hat in Oberösterreich ein zusätzliches Zeichen entstehen lassen, eine Idee, die über die Grenzen des Bundeslandes, über die Grenzen von Österreich hinaus gedrungen ist: Das Friedenslicht, das jährlich zu Weihnachten entzündet wird.

Das Friedenslicht aus Bethlehem ist im Begriff, ein neuer Weihnachtsbrauch zu werden. Ein neuer Weihnachtsbrauch, der einem medialen Zeitalter entsprungen ist, ein Weihnachtsbrauch, der Altes und Neues zu verbinden scheint.

In der Friedensstadt Linz wird eine Rundfunkanstalt jährlich zum Vermittler des Friedenslichtes, des Lichtes, das von Bethlehem nach Österreich gebracht wird und von Linz aus sodann seinen Weg in die Landeshauptstädte, in die Dörfer und Märkte unseres Landes, aber auch über die Grenzen von Österreich nimmt — eine Botschaft im Netzwerk des Friedens, in das jeder von uns nicht nur eingebunden ist, sondern in dem jeder seinen Beitrag leisten muß.

Die Reise des Lichtes ist jedes Jahr ein Abenteuer. Denn gerade Bethlehem, von dem das Friedenslicht ausgeht, hat bis heute keinen Frieden gefunden. Für die Mitarbeiter des ORF-Landesstudios Oberösterreich, die jährlich aufbrechen, um mit einem Kind das Friedenslicht von Bethlehem nach Linz zu holen, bedeutet diese Reise keine Zeit der Besinnung, sondern eine Reise in die Realität kriegerischer Auseinandersetzungen, eine Reise in Orte und Städte, die noch immer ohne Frieden sind. Und trotzdem: Friede und Licht gehören seit jeher zusammen, die Sehnsucht nach Frieden ist dem Menschen seit Beginn seiner Geschichte eigen.

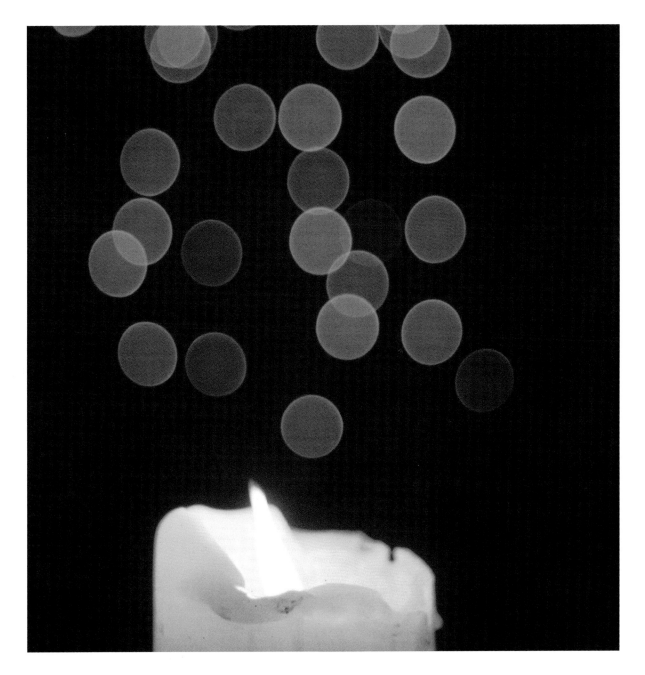

Das Licht, ob natürlich oder künstlich, ermöglicht nicht nur die visuelle Wahrnehmmung unserer Außenwelt, sondern ist eines der großen Symbole der Menschen. Von der altorientalischen Astralreligion, von Platon und den antiken Denkern, von der Lichtmetaphysik des Mittelalters bis zu der Lichtsymbolik bei Jakob Böhme, Dante, Goethe oder Rembrandt — das Licht als gesteigerte Symbolik betrifft jeweils die Ganzheit des Menschen und durchzieht daher — immer wiederkehrend in der Geschichte — Religion, Philosophie, Dichtung und Kunst.

Führt die Lichtsymbolik nahezu in die Unendlichkeit von Zeit und Denken, ist das Friedenslicht nur ein Stern in diesem Meer der Galaxien des Lichtes und der Symbole. Mit dem Friedenslicht setzt der Österreichische Rundfunk, Landesstudio Oberösterreich, einen Weg fort, der seit mehr als einem Jahrzehnt für die Arbeit von Radio und Fernsehen in Oberösterreich bestimmmend geworden ist:

Der ORF will über die Berichterstattung hinaus vom Medium selbst auch Initiativen setzen, um in einer Region Markenzeichen entstehen zu lassen, um Zeichen in der Zeit zu setzen, die zu neuen Markierungspunkten werden, zu Zeichen, die in das Jahr eingeordnet sind. Die Linzer Klangwolke und Ars Electronica sind innerhalb von zehn Jahren weit über eine Initiative hinausgewachsen: Sie sind zu Einrichtungen des kulturellen Lebens in Linz geworden, zu Markenzeichen, die bereits zu kulturellen Fixpunkten geworden sind.

Die Idee des Friedenslichtes aber ist eine Initiative ganz anderer Art: Es geht um kein Ereignis, um keine Veranstaltung, um kein Festival. Es geht um das Aufgreifen eines Angebotes, einer symbolischen Geste, einer Idee durch viele Menschen, die das Licht alljährlich zu Weihnachten in ihr Haus, in ihre Wohnung, in ihr Heim tragen. Vielleicht auch als Anlaß der Reflexion und der Besinnung, als Anlaß, um jeweils den eigenen Beitrag zum Frieden in der Gemeinschaft, in der Partnerschaft, in der Familie oder im Arbeitsleben zu überdenken: Denn die Aufrechterhaltung des Friedens im Kleinen ist das Spiegelbild für den Frieden im Großen.

1989 ist das Friedenslicht von Bethlehem über Linz zum ersten Mal zu unseren östlichen Nachbarn gekommen, in die Tschechoslowakei, nach Polen, in die DDR an die Berliner Mauer: Das Friedenslicht als Symbol einer friedlichen Veränderung von Politik und Gesellschaft, als Symbol einer friedlichen Revolution.

Wenn aus dem Friedenslicht tatsächlich ein neuer Weihnachtsbrauch wird, der Jahre überdauert, wird dieser Brauch vielleicht nach einem Jahrzehnt einfach zu Weihnachten gehören. Vielleicht wird es dann selbstverständlich sein, daß sich jeder ein Friedenslicht in das Haus holt, um an den Stern von Bethlehem symbolisch anzuknüpfen. Manchmal entstehen Ereignisse ohne Geschichte, ohne Kenntnis des Ursprungs, der Entwicklung, der Beteiligten. Ähnlich könnte es auch beim Friedenslicht sein. Viele Personen haben in der Vergangenheit

mitgewirkt, viele sind von Anfang an dabei, um diese Idee entstehen und leben zu lassen — die Kinder, die jährlich das Friedenslicht von Bethlehem nach Linz geholt haben, die Begleiter mit Kamera und Mikrophon, Gisela Schreiner und Alois Sulzer vom ORF-Landesstudio Oberösterreich. Aus dem Friedenslicht wird erst dann ein wirklicher Weihnachtsbrauch geworden sein, wenn die Namen der Urheber vergessen und verschwunden sind. Wenn wir aber heute noch von einem Initiator, von einem Vater dieses Brauches sprechen, soll Dr. Helmut Obermayr mit dieser Idee verbunden bleiben.

Helmut Obermayr, seit Jahren für die Aktion „Licht ins Dunkel" in Oberösterreich verantwortlich, hat mit dem Friedenslicht der Aktion „Licht ins Dunkel" eine neue Dimension ermöglicht, ein Symbol, das eng mit dem Sinn von Weihnachten verknüpft ist. Das Friedenslicht will jeden in das Netzwerk des Friedens einschließen, ein Symbol dafür, daß jeder einzelne in diesem Netzwerk einen Beitrag erbringen soll, um vom Kleinen zum Großen den Frieden zu sichern.

Das vorliegende Buch soll die Geschichte dieses neuen Weihnachtsbrauches darstellen, Situationen schildern, Anekdoten einbringen, vor allem auch die Entstehung erzählen. Damit möchte ich wieder an den Beginn meiner Überlegungen zurückkehren:

Es ist das Phänomen der Geschwindigkeit, das uns heute, mehr als uns bewußt ist, durchdringt. Auch die Idee des Friedenslichtes war plötzlich da, viele wissen nicht, woher das Friedenslicht gekommen ist, auf einmal wird es halt ein Brauch sein, daß wir uns zu Weihnachten ein Licht holen, um die Weihnachtskerze zu entzünden. Daher sollen Bilder und Reflexionen entstehen, die die Geschichte des Friedenslichtes wachhalten, um den neuen Brauch zu Weihnachten lebendig werden zu lassen.

Helmut Obermayr

DIE GESCHICHTE VOM FRIEDENSLICHT

Eine Wagenkolonne fährt zu Mittag des 23. Dezember 1989 über die oberösterreichisch-tschechische Grenze in Wullowitz. Eine hochrangige Delegation des Landes Oberösterreich mit dem Landeshauptmann, dem Landeshauptmannstellvertreter, dem Generalvikar der Katholischen Kirche und dem Superintendenten der Evangelischen Kirche an der Spitze wird vom neuen südböhmischen Kreisvorsitzenden Jan Jachym begrüßt. Eine Polizeieskorte begleitet den Konvoi der Wagen von der Grenze bis nach Budweis.

Auf dem wunderschönen Hauptplatz der 750 Jahre alten Stadt haben sich weit über 10.000 Menschen versammelt, um an einem Festakt teilzunehmen, wie er bisher noch nirgends stattgefunden hat. Die Fahrt von Linz nach Budweis, die feierliche Zusammenkunft gelten einem kleinen Licht, das in einer Laterne brennt, dem Friedenslicht aus Bethlehem, das zu einem Symbol für eine Entwicklung geworden ist, die viele nur mit dem Wort „Wunder" ausdrücken können. Wenige Wochen zuvor ist in der Tschechoslowakei das Eis des kommunistischen Regimes gebrochen. Eine neue Zeit des friedlichen Zusammenlebens, des friedlichen Miteinander, hat begonnen. Noch zwei Monate zuvor wäre jeder als Träumer verlacht worden, der von einem solchen Ereignis gesprochen hätte.

Diese Weihnachten 1989 leuchtet das Friedenslicht nicht nur in der Tschechoslowakei. Auch in Ungarn, in Rumänien, in Polen und in der DDR erinnert es Menschen an die Weihnachtsbotschaft.

Unzählige Menschen in ganz Österreich hüten bei sich zu Hause ein Friedenslicht, das sie an Bethlehem erinnert.

Acht Tage vorher, am 16. Dezember 1989, in der großen Audienzhalle des Vatikan, die unter Papst Paul VI. für Pilger aus aller Welt errichtet worden ist: Zweitausend Oberösterreicherinnen und Oberösterreicher applaudieren begeistert Johannes Paul II. bei einer Audienz. Sie sind nach Rom gekommen, um dem Papst und den Römern das Weihnachtssymbol schlechthin zu übergeben, einen Christbaum. Die 28 m hohe Fichte aus dem Sauwald leuchtet stolz neben dem Obelisken auf dem Petersplatz in die Ewige Stadt.

Die 2000 Menschen in der Halle haben dem Papst aber auch ein neues Weihnachtssymbol gebracht, das Friedenslicht aus Bethlehem. Bischof Maximilian Aichern und Landeshauptmann Josef Ratzenböck erklären dem Heiligen Vater in ihren Ansprachen bei der Audienz die Bedeutung dieses Symboles. Sie drücken aus, daß mit der Übergabe dieses Lichtes der Papst in die Gemeinschaft jener Menschen einbezogen wird, die am Weihnachtstag von diesem Licht an die Verheißung des Friedens erinnert werden.

Wie bei jeder Audienz geht der Papst am Schluß die Reihen entlang, um begeisterte Hände zu schütteln. Letzter Höhepunkt des großen Ereignisses: Die dreizehnjährige Sabine Hainzl aus Ebensee überreicht Johannes Paul eine einfache Holzlaterne mit der brennenden Kerze, dem Friedenslicht. „Dieses Licht habe ich in Bethlehem in der Geburtsgrotte Jesu Christi entzün-

Die Laterne mit dem Friedenslicht für die Übergabe an den Papst wird vorbereitet.
Kurienbischof Dr. Alois Wagner ist hilfreich zur Stelle.

det", sagt sie zu Johannes Paul II., der, von vielen Verpflichtungen und Terminen mitgenommen, gerade in diesen Wochen vor Weihnachten 1989 einen müden Eindruck macht. Erst zwei Wochen vorher hatte die historische Begegnung zwischen ihm und dem sowjetischen Parteichef Gorbatschow stattgefunden. Es war ein Treffen, das zu Recht weltgeschichtlich bedeutend genannt wird. In der Zeit des unglaublichen Aufbruchs der kommunistischen Länder und der UdSSR selbst hatten der mächtigste Mann der Sowjetunion und der amerikanische Präsident ein Treffen vereinbart. Gorbatschow war vorher nach Rom gereist, um mit dem Papst über den Frieden zu reden. Es war das erste Mal, daß ein sowjetischer Parteichef und ein Oberhaupt der römisch-katholischen Kirche zusammengetroffen sind.

An dieses Treffen mag der Papst wohl gedacht haben, als ihm das Mädchen aus Oberösterreich das Licht als Erinnerung an die Botschaft vom Frieden übergeben hat. Er selbst hatte vorher in seiner Ansprache viel vom Frieden als dem Licht der Weihnacht gesprochen. Er hatte daran erinnert, daß dieses Licht des Friedens mit Christus in die Welt gekommen war. Die müden Züge des Papstes entspannen sich, als er in die strahlenden Augen von Sabine blickt. Blitzlichter zucken, die Fernsehkamera läuft, der Landeshauptmann und der aus Oberösterreich stammende Kurienbischof Wagner erklären dem Papst kurz die Geschichte dieses Lichtes. Johannes Paul II. aber lächelt. Segnend umfaßt er den Kopf von Sabine, deutet einen Kuß auf ihre Stirn an. Das kleine flackernde Licht aus der Geburtsgrotte in Bethlehem in einer einfachen Laterne erinnert daran, wie klein, zerbrechlich und bescheiden das Licht des Friedens in die Welt gekommen ist.

Wenig später wird dieses Licht von Schweizer Gardisten sehr sorgfältig und behutsam in die Wohnung des Papstes auf der anderen Seite des Petersdomes gebracht.

Drei Jahre vorher war dieses Friedenslicht in Bethlehem erstmals entzündet worden. In nur drei Jahren ist es zu einem Weihnachtssymbol geworden. Unzählige Male ist an diesen vier Weihnachtsfesten das Entscheidende an diesem Lichtbrauchtum geschehen: Die Weitergabe, die daran erinnern soll, daß auch der Friede von Mensch zu Mensch weitergegeben werden muß und nur so wachsen kann.

EIN GEDANKE WÄCHST

Es war irgendwann an einem Frühlingstag 1986, eine nette Hörerin von Radio Oberösterreich war in mein Büro gekommen, um eine Kleinigkeit zu besprechen und uns Radiogestalter zu loben. Es war ein wohltuendes Gespräch. Am Schluß, als wir uns fast schon verabschieden wollten, meinte die Dame, es wäre doch nett, wenn bei der Aktion „Licht ins Dunkel", die der ORF zur Unterstützung behinderter Kinder durchführt, auch den Besuchern des Studios in Linz etwas mitgegeben würde. So viele Menschen, meinte sie, besuchten am Heiligen Abend die Friedhöfe, um dort ein Licht zu entzünden. Es wäre doch schön, wenn

Bild oben: Sabine Hainzl übergibt dem Papst die Laterne mit dem Friedenslicht.
Bild unten: Die Sängerin Silvie und Komponist Hubert Bognermayer überreichen dem Papst
die Schallplatte „Das Lied vom Licht".

19

man im Funkhaus ein Licht aufstellte, an dem jeder eine Kerze entzünden könne, die er dann zu sich nach Hause nehme. Man könne damit die Kerzen des Christbaumes entzünden, man könne es auf den Friedhof bringen. Man könne dieses Licht auch ins Fenster stellen, wie es der Brauch ist, um an die Gefallenen zu erinnern.

Ich dankte der Besucherin recht herzlich für ihre Anregung. Ihr Gedanke hatte etwas Faszinierendes. Ein gemeinsames Licht als weihnachtliches Symbol verbindet viele Menschen.

Seit die Aktion „Licht ins Dunkel" im ORF-Landesstudio Oberösterreich durchgeführt wird, ist es üblich, daß das Studio an diesem Haus Tausenden Menschen offen steht. Ein Standlmarkt bietet Gelegenheit für letzte Einkäufe, vor allem wird für „Licht ins Dunkel" gesammelt. Dieser kleine Weihnachtsmarkt im Studio ist zugleich die Kulisse für die Fernseh-Live-Sendung im Rahmen der großen Behindertenhilfsaktion, zu der alle Jahre wieder neben unseren Hörern und Fernsehzuschauern auch die Prominenten Oberösterreichs kommen. Bei diesem Standlmarkt eine Kerze aufzustellen, deren Licht sich jeder als Dankeschön mit nach Hause nehmen könnte, war eine wunderbare Idee. An ein Friedenslicht oder an Bethlehem habe ich noch nicht gedacht. Etliche Monate später, es war an einem schönen, sonnigen Spätherbsttag, fuhr ich auf der Autobahn nach Oberwang, einem kleinen Ort zwischen Attersee und Mondsee, in dem die bekannte Künstlerin Lydia Roppolt wohnt.

Ich hatte mir überlegt, die Behindertenhilfsaktion „Licht ins Dunkel" mit einer neuen Idee zu ergänzen. Der Friede, der bei der Geburt Christi in Bethlehem verkündet worden war, sollte in unserer Sendung als Grundgedanke auftauchen. Lydia Roppolt hatte gleich begeistert zugestimmt, als ich sie ersuchte, während unserer Fernseh-Live-Sendung am 24. Dezember gemeinsam mit Kindern ein Bild zu malen, das wir Friedensbild nennen und später dem Papst überreichen wollten.

Der Papst hatte damals Vertreter aller großen Religionen zu einem Friedensgebet nach Assisi eingeladen. 1986 war man noch weit davon entfernt, an eine dramatische Änderung in Europa zu glauben, wie sie drei Jahre später stattfand. Kinder wiederum sind jene Menschen, die am meisten auf den Frieden angewiesen sind, den wir Erwachsene so oft aus unseren Herzen verdrängen. All das formte sich zu dem Gedanken, daß Kinder unter Anleitung einer international anerkannten Künstlerin ihre Gedanken zum Frieden auf einem großen Bild darstellen könnten, das wir dann — eben in Anknüpfung an Assisi — dem Papst überreichen wollten.

Auf meiner Fahrt ging mir das alles durch den Kopf. Ich erinnerte mich auch an den Besuch unserer Hörerin im Frühling. Das milde Licht der Herbstsonne malte eine wundervolle Stimmung. In solchen Augenblicken kann auch auf einer Autobahnfahrt das Herz auf einmal weit werden. Und dabei ist die Idee entstanden, den Gedanken des Friedens und das Weihnachtslicht

Das Friedenslicht als Weihnachtssymbol vor dem ORF-Landesstudio Oberösterreich.

Das Friedenslicht, ein Symbol, das auch Kinder begeistert.

Am 24. Dezember holen sich die Oberösterreicher das Friedenslicht beim ORF-Landesstudio.
Fotos unten: Szenen aus der Fernsehsendung „Licht ins Dunkel 1989".

zu verbinden. Schließlich hatten die Engel bei der Geburt Christi in Bethlehem ja von der Ehre für Gott in der Höhe und vom Frieden für die Menschen guten Willens auf Erden gekündet. So war es nur ein einfacher Gedankenschritt vom Licht im Studio zum Entzünden des Lichtes in Bethlehem. Nachdem ich mit Lydia Roppolt die ersten Einzelheiten unserer Malaktion für den 24. Dezember vereinbart hatte, sprach ich mit ihr auch über die Idee dieses Friedenslichtes. Die Künstlerin bestärkte mich. Und so nahm ich mir vor, die Verwirklichung dieses einfachen Gedankens zu versuchen. Daß dies dann nicht ganz einfach sein würde, war klar. Aber wir hatten im Studio schon viele Ideen verwirklicht, bei denen andere nur ungläubig den Kopf geschüttelt hatten.

Ein erstes Gespräch mit Gisela Schreiner, die mit mir die Sendung am 24. Dezember moderieren würde, und mit unserem Fernsehregisseur Alois Sulzer brachte uns zur Überzeugung, daß es gelingen müsse. Zunächst überlegten wir, die AUA zu ersuchen, den Flug nach Bethlehem im Sinne von „Licht ins Dunkel" gratis zur Verfügung zu stellen. Der nächste Schritt war ein Gespräch mit unserem Intendanten Dr. Hannes Leopoldseder. Auch er war von der Idee begeistert und meinte, wir sollten alles versuchen, um sie zu verwirklichen. Da „Licht ins Dunkel" eine Hilfsaktion für behinderte Kinder ist, stand es für uns von Anfang an fest, daß wir ein behindertes Kind suchen wollten, das in Bethlehem unser Friedenslicht entzünden sollte. Der

nächste Schritt war ein Anruf bei Peter Wacha, dem Direktor der Lebenshilfe in Oberösterreich. Mit dieser Organisation hatten wir schon all die Jahre gemeinsam den Ablauf der Spendenaktion bewältigt. Auch in diesem Fall war ein spontanes Ja die Antwort auf unsere Bitte um Unterstützung.

Hätten wir damals geahnt, welche praktischen und bürokratischen Schwierigkeiten das Vorhaben, in Bethlehem ein Licht zu entzünden und mit einer Laterne per Flugzeug nach Österreich zu bringen, haben könnte, hätten wir uns wohl nicht über unsere Aktion gewagt. An Sicherheitsbestimmungen auf Flughäfen, an Drehgenehmigungen im politisch brisanten Bethlehem, allein an die schlichte Tatsache, daß in Flugzeugen kein offenes Feuer transportiert werden darf, dachten wir damals nicht. Wie das alles trotzdem funktionierte, schildert in diesem Buch Gisela Schreiner. So hatten wir alles geplant und uns alles zurechtgelegt. Unser Friedenslicht in Bethlehem sollte eine wesentliche inhaltliche Ergänzung unserer Aktivitäten im weihnachtlichen Fernsehstudio werden. Zwei Wochen vor dem großen Tag hatten sich alle Mitarbeiter von Radio und Fernsehen, die mit „Licht ins Dunkel" befaßt waren, in unserer kleinen Redaktion zu einer Sitzung zusammengefunden. Ich erklärte ihnen die Idee des Friedenslichtes und bat sie um ihre Mitarbeit, vor allem in der Bekanntmachung der Idee. In dieser Sitzung entstand der dritte wesentliche Gedanke unserer Aktion „Friedenslicht". Fritz Riedlberger, einer unserer langjährigen Mitarbeiter, meinte damals, es wäre doch schön, wenn das Licht nicht nur bei uns geholt werden könnte. An „Licht ins Dunkel" sei schließlich das ganze Land beteiligt, und bei vielen Aktionen und über Telefon helfen schließlich alle Oberösterreicher zusammen, um so wie in den anderen Bundesländern Geld für die Behindertenhilfe aufzubringen. So sei es eigentlich nur logisch, das Friedenslicht nicht nur im Funkhaus in Linz, sondern im ganzen Land zu verbreiten. Fritz Riedlberger hatte gleich auch den passenden Partner für uns parat — die Österreichischen Bundesbahnen. Es müsse doch möglich sein, so meinte er, daß am 24. Dezember das Licht mit den Regionalzügen in alle Bahnhöfe gebracht wird. Mit der den ganzen Tag dauernden Radiosendung hätten wir dann wiederum die Möglichkeit, unsere Hörer auf dieses Licht aufmerksam zu machen.

Auch hier fanden wir sofort Partner, die bereit waren, die Aktion mit uns zu tragen. Auch hier fragte niemand nach bürokratischen Vorschriften, nach Dienstrecht oder gar nach einer finanziellen Abgeltung. Selbstverständlich würde es möglich sein, in den Lokomotiven eine Kerze mitzuführen, in jedem Bahnhof ein solches Licht an die Wartenden auszugeben.

DAS LICHT WIRD ENTZÜNDET

In unseren Gedanken war die neue Aktion durchgeplant. Vom Anfang an stand für uns alle fest, daß unbedingt ein Kind das Licht in der Geburtsgrotte entzünden müsse. Da „Licht ins Dunkel" eine Aktion für behinderte Kinder ist, lag es nahe, auch hier eine Verbindung herzustellen.

Unter den behinderten Kindern, die von der Lebenshilfe in Vöcklabruck damals betreut wurden, hatten wir Markus Födinger ausgewählt. Mit ihm machte sich unser Fernsehteam auf den Weg nach Bethlehem. Im Radio berichtete uns Gisela Schreiner vom Flug und vom Aufenthalt im Heiligen Land. So konnte ganz Oberösterreich Anteil nehmen an der großen Reise um ein kleines Licht. Am späten Abend des 18. Dezember ist unsere Delegation aus Bethlehem zurückgekommen. Sorgsam haben wir ab diesem Abend im Studio und zu Hause das Licht bewahrt, damit es am Heiligen Abend erstmals verteilt werden konnte.

Am 24. Dezember 1986 haben wir erstmals die Fernseh-Live-Sendung aus unserem Studio mit dem Entzünden des Friedenslichtes begonnen. Auch dieser Anfang ist inzwischen schon traditionell geworden. Ein Licht kündet davon, daß am ersten Weihnachtstag der Geschichte vor fast 2000 Jahren bei der Geburt Jesu Christi in Bethlehem den Menschen der Friede auf Erden verheißen worden ist.

Dieser erste Tag mit dem Friedenslicht war für uns alle ein besonderes Erlebnis. Niemand hatte dieses gigantische Echo erwartet. Schon in den Jahren vorher hatte am 24. Dezember tagsüber bei unserem Standlmarkt dichtes Gedränge geherrscht. Was sich an diesem Tag aber abspielte, damit hatte niemand gerechnet. In Schlangen standen die Menschen vom Funkhaus hinaus bis auf die Straße angestellt, um das Licht zu entzünden. Kinder mit kleinen selbstgebastelten Laternen, Männer und Frauen mit Holzlaternen, mit Windlichtern waren zu Tausenden gekommen.

Am frühen Morgen dieses Tages hatten wir das Licht auch zum Linzer Hauptbahnhof gebracht. Dort wurde es an Züge in alle Landesteile verteilt. Die Lokomotivführer bewahrten es sorgfältig in ihrem Fahrerhaus. In jedem Bahnhof, in jeder Haltestelle hatten sich Menschen eingefunden, um das Licht aus Bethlehem zu holen. Im Radio konnten wir während des ganzen Tages in unseren Sendungen berichten, wo das Licht gerade angekommen war. So wurde die Verbreitung dieses Lichtes im ganzen Land zu einem Ereignis, das man am Radiogerät miterleben und mitverfolgen konnte.

Schon bei dieser ersten Aktion hatten sich in vielen Bahnhöfen Jugendgruppen eingefunden, die in ihren Gemeinden das Licht weiterverbreiteten oder es in Kirchen brachten, wo es dann bei der Kindermette am Nachmittag oder am Abend bei der Mette weiterverteilt wurde.

Auch uns selbst hat dieses Licht beeindruckt. Fernsehmitarbeiter neigen berufsbedingt manchmal zu einer etwas zynischen Sichtweise von Ereignissen. Vielleicht ist es ein Schutz davor, daß man allzu verletzlich wird fremden Gefühlen und Eindrücken gegenüber. So hatten auch unsere Kollegen und Kameraden manchmal über dieses „kleine heilige Licht", wie sie es nannten, gelächelt. Als kurz nach 16.00 Uhr unsere Sendungen vorbei waren, kam aber jeder einzelne von ihnen selbst mit einer Laterne, um ein Friedenslicht zu entzünden und mit nach Hause zu nehmen. Sie waren alle sehr still dabei.

SINNBILD DER FRIEDENSBOTSCHAFT

Das Friedenslicht aus Bethlehem war schon im ersten Jahr ein Sinnbild der weihnachtlichen Friedensbotschaft geworden. So war es für uns keine Frage, auch 1987 die Aktion wieder durchzuführen. In diesem zweiten Jahr hat sie sich ausgeweitet. Zunächst ging es uns darum, das Friedenslicht noch enger mit dem Gedanken der Behindertenhilfe von „Licht ins Dunkel" zu verbinden. So riefen wir im Herbst 1987 im Radio und in der damals einmal wöchentlich gesendeten oberösterreichischen Lokalausgabe unserer Fernsehinformationssendung Kinder auf, uns von ihren Leistungen und guten Taten zu berichten. In einer ungewöhnlich großen Zahl von Briefen erfuhren wir, was Kinder alles zu leisten vermögen, um ihren Mitmenschen zu helfen.

Eine Jury mit Anneliese Ratzenböck, Caritasdirektor Dr. Franz Stauber und Horst Maas vom Jugendamt der Stadt Linz hatte eine schwere Entscheidung, welches dieser Kinder im Dezember 1987 nach Bethlehem fliegen sollte, um das Licht für die Oberösterreicher zu entzünden. Schließlich einigte man sich auf den dreizehnjährigen Wolfgang Dobias aus Attnang, der von seinem behinderten Schulfreund Thomas Stix vorgeschlagen worden war.

Wolfgang ermöglichte es Thomas, eine nor-

26

male Schule zu besuchen. Schon seit drei Jahren half er seinem an den Rollstuhl gefesselten Freund, wo er nur konnte. Er transportierte ihn über Treppen. Es war für ihn sogar selbstverständlich, den Behinderten mehrmals am Tag zur Toilette zu bringen. Wolfgang Dobias selbst wäre nicht auf die Idee gekommen, seine Hilfe sei so außergewöhnlich, daß er deswegen ausgewählt werden könnte, in Bethlehem das Friedenslicht zu entzünden. Umso größer war seine Überraschung, als er verständigt wurde, daß er diese Reise antreten sollte. In diesem Jahr 1987 stellten sich erstmals auch andere Landesstudios des ORF in den Dienst unserer Aktion „Friedenslicht". Sie hatten von unserer Idee erfahren, zum Teil waren durch die Fernsehberichterstattung auch die Zuschauer anderer Bundesländer auf unsere Aktion aufmerksam geworden und hatten angeregt, sie über Oberösterreich hinaus auszudehnen. Auch in Oberösterreich hatte sich die Basis verbreitert. So verteilten die Gärtner und Blumenhändler am 24. Dezember in ihren Geschäften das Licht. Sie unterstützen seit Jahren mit großen Weihnachtsblumenschauen die Behindertenaktion „Licht ins Dunkel". Eine Blumenkrippe, die am 24. Dezember während der Live-Sendung in unserem großen Publikumsstudio aufgebaut wurde, drückte die Verbundenheit auch in der Weise aus, daß dieses Kunstwerk aus Blumen anschließend über die Weihnachtsfeiertage in der großen Kassenhalle des Linzer Hauptbahnhofes aufgestellt wurde. Dort war sie ein Weihnachtsgruß an die Reisenden.

Im Jahr 1988 war es für uns schon selbstverständlich, die Idee fortzuführen. Das Friedenslicht war in mehrfacher Hinsicht zum Symbol des Weihnachtsfriedens geworden. Es wird von Mensch zu Mensch weitergegeben, so wie der Friede von Mensch zu Mensch weitergegeben wird. Totzdem bleibt es immer dasselbe Licht, so wie es derselbe Friede ist, den die Menschen in ihren Beziehungen untereinander stiften und halten.

Das Licht wird mit den Mitteln der modernen Gesellschaft und der modernen Technik verbreitet: Radio und Fernsehen machen es bekannt, mit dem Flugzeug wird es von Bethlehem nach Österreich gebracht und dann mit modernen Zügen im ganzen Land verteilt. Es ist ein Ausdruck dafür, daß Weihnachten mehr ist als ein nostalgisches Erinnern an Kletzenbrot und Christbaumkerzen der Kindheit. Die Botschaft vom Weihnachtsfrieden ist aktueller denn je. Die moderne Technik, die durchaus auch ihre Schattenseiten für das Zusammenleben von Menschen zeigen kann, übernimmt symbolisch den Dienst an der Idee des Friedens. Ohne die moderne Technik könnte eine solche Aktion nie durchgeführt werden. Vielleicht ist das ein kleines Zeichen dafür, daß sie uns auch ermöglicht, den Frieden selbst zu verbreiten.

Dieser Gedanke des Friedens, die Aufgabe der Friedensstiftung, sollte im Jahr 1988 noch viel deutlicher mit unserer Aktion verbunden werden. 1988 war ein Jahr, in dem besonders viele Flüchtlinge aus den östlichen Nachbarländern ihre Zuflucht in

Österreich suchten. 1988 war auch das Gedenkjahr oder „Bedenkjahr" an die Ereignisse 50 Jahre zuvor, 1938. So wollten wir zum Abschluß dieses Jahres besonders die friedensstiftende Rolle unseres Landes hervorheben. Unsere Aktion sollte unterstreichen, wie viele Menschen im friedlichen Österreich eine neue friedliche Heimat gefunden hatten, und wie sehr trotz aller Schwierigkeiten auch Menschen aus anderen Ländern bei uns integriert werden können.

Ein Kind, das in Österreich eine neue Heimat gefunden hatte, sollte daher das Friedenslicht entzünden. Der neunjährige Chy Meng Ing stammt aus Kambodscha. Er hat mit seiner Mutter und seinen zwei Geschwistern in Kremsmünster eine neue Heimat gefunden. 1980 mußte die Familie aus Kambodscha fliehen. Seither ist der Vater Chy Mengs vermißt. Nach einem Aufenthalt im Flüchtlingslager Thalham in St. Georgen im Attergau fand diese Familie Zuflucht in Kremsmünster. Die Pfarre des Stiftsortes hatte die Patenschaft übernommen und sorgte seither dafür, daß Frau Ing für sich und ihre drei Kinder eine neue Existenz aufbauen konnte.

Chy Meng war in seiner Klasse ein Sonnenschein, er war einer der besten Schüler der kleinen Volksschule von Kirchberg. In seiner Hilfsbereitschaft war er überall beliebt. Fußball, Radfahren und Computer nannte er als Hobbies. Da er sogar Ministrant war, war ihm die symbolhafte Bedeutung des Friedenslichtes klar. Chy Meng war begeistert von der Idee, dieses Bethlehem, von

dem er schon so viel gehört hatte, besuchen zu können.

Im Jahre 1988 waren bereits alle Landesstudios des ORF mit Freude bereit, an der Aktion „Friedenslicht" mitzuhelfen. Erstmals konnte das Licht wirklich in ganz Österreich verteilt werden, in allen Landesstudios, vor allem aber in allen Bahnhöfen. Die Eisenbahn hatte sich österreichweit in den Dienst unserer Sache gestellt.

Es waren schwierige organisatorische Vorbereitungen notwendig, um zu garantieren, daß am Vormittag des 24. Dezember das Friedenslicht auch in wirklich allen Bahnhöfen brannte. Schon am 23. Dezember mußte das Licht vom Linzer Hauptbahnhof mit Schnellzügen zu allen Bahnknotenpunkten transportiert werden. Unsere Kollegen in den Bundesländern wiesen ihre Zuhörer und Fernsehzuschauer darauf hin. Erstmals wurde das Licht auch über die Grenze transportiert. Vor allem aber konnten wir die Idee den Fernsehzuschauern in ganz Europa übermitteln. Das Fernsehprogramm von „Licht ins Dunkel" wurde bis zum Nachmittag vom Satellitenprogramm 3sat übernommen. So konnten wir den Gedanken von unserem Weihnachtssymbol weithin bekannt machen. Aus diesem Anlaß haben wir an diesem 24. Dezember 1988 besonders Kinder in unsere Fernsehsendung aus dem Studio 3 eingebunden. Neben Chy Meng führte eine kambodschanische Kindergruppe einen Tanz aus ihrer alten Heimat vor. Ein Chor polnischer Kinder sang Weihnachtslieder in ihrer Muttersprache. In Verbindung mit dem Friedens-

Chy Meng Ing mit dem Friedenslicht im Flugzeug. Eine Spezialkonstruktion der AUA macht den sicheren Transport des Friedenslichtes möglich.

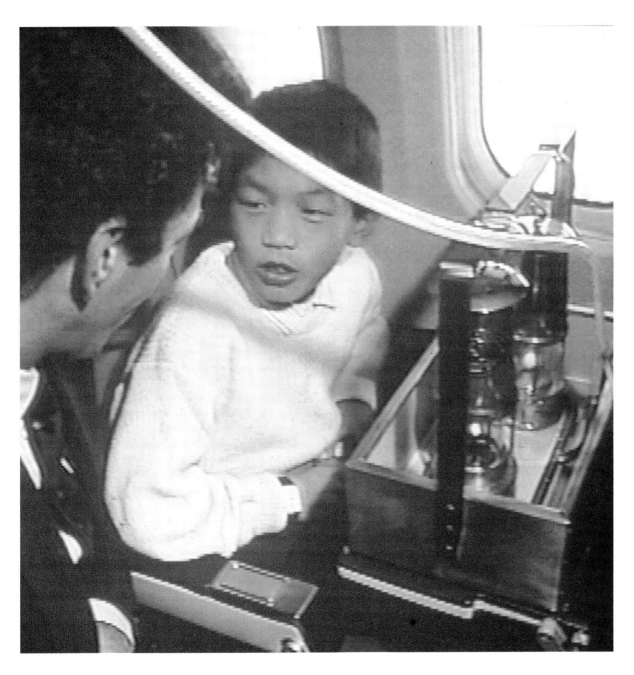

licht wollten wir deutlich machen, welchen Beitrag die Bevölkerung unseres Landes für ein friedliches Zusammenleben leistet.

DIE GRENZEN FALLEN — DAS LICHT BREITET SICH AUS

Anfang 1989 war die politische Lage in Europa noch ganz anders als am Ende dieses bedeutungsvollen Jahres. Die Freiheitsbestrebungen in den Ländern des Warschauer Paktes verzeichneten erst in Polen und in Ungarn erste Erfolge. Niemand ahnte, in welchem Tempo dort der Aufbruch in eine neue Gesellschaft erfolgen sollte. So war auch das Schicksal der Flüchtlinge, die aus diesen Ländern zu uns gekommen waren, sehr ungewiß. Die Debatte, ob es sich bei ihnen um Wirtschaftsflüchtlinge oder um politische Flüchtlinge handle, war noch nicht aktuell. Das Leid der Menschen in den Flüchtlingslagern war groß. Vor allem die Kinder litten unter Isolation und natürlich unter materieller Armut. Eine Gruppe der Kinderfreunde Ebensee wurde aktiv. In Ebensee bemüht man sich besonders, die Vergangenheit der NS-Zeit aufzuarbeiten. Während des Krieges hatte sich dort ja eine Außenstelle des Konzentrationslagers Mauthausen befunden. Deshalb pflegt man Kontakte zu Menschen anderer Länder dort ganz besonders. Ein ehemaliger KZ-Häftling aus Polen, der nach dem Krieg von den Ebenseern viel Gutes erfahren hat und jetzt dort wohnt, vermittelt immer wieder besonders den jungen Menschen, wie wichtig es ist, Menschen anderer Länder zu verstehen und ihnen zu helfen.

In den Osterferien 1989 besuchte die Kinderfreunde-Gruppe aus Ebensee Kinder jener polnischen Familien, die in einem Linzer Hochhaus untergebracht waren. Sie spielten mit ihnen und machten ihnen Geschenke.

Wir wollten diesen positiven Beitrag aufgreifen und in unserer Aktion „Friedenslicht" besonders hervorheben. Bestärkt wurden wir in dem Gedanken noch durch die bedauerliche Diskussion um das weitere Schicksal der polnischen Flüchtlinge, die sich im Sommer des Jahres 1989 entwickelt hatte, nachdem das kommunistische Regime in Polen praktisch zu Fall gekommen war.

In Kontakten mit dem Bürgermeister von Ebensee wurde schließlich die dreizehnjährige Sabine Hainzl ausgewählt, das Friedenslicht in Bethlehem zu entzünden. Es war zu diesem Zeitpunkt schon klar, daß unser Weihnachtssymbol kurz vor den Feiertagen auch dem Papst überreicht werden sollte. Noch 1988 hatten die Goldhaubengruppen des Sauwaldes die Aufgabe übernommen, den großen Christbaum für den Petersplatz zu stiften. In der Fernsehsendung am 24. Dezember 1988 hatten wir mit Landeshauptmann Ratzenböck beschlossen, bei dieser Gelegenheit dem Papst auch das Friedenslicht zu übergeben.

So war von Anfang an für Sabine Hainzl nicht nur eine Reise nach Bethlehem, sondern auch eine Fahrt nach Rom geplant. Welche Ausmaße unsere Aktion in diesem Jahr annehmen sollte, konnten wir alle nicht ahnen.

Als am 20. Oktober 1989 die verantwortlichen Redakteure der Landesstudios und die Redaktion von „Licht ins Dunkel" in Wien zusammen kamen, um die große Fernsehsendung zu planen, war erstens sichergestellt, daß es auch in diesem Jahr möglich sein würde, ganz Österreich einzubinden. Natürlich wurde auch der Gedanke ventiliert, unser Licht nach Polen und Ungarn zu bringen, die ersten Länder, in denen der Aufbruch zur Freiheit vollzogen war. Tina Kucera von der Aktionsgemeinschaft „Licht ins Dunkel" in Sollenau übernahm es, mit Vertretern der Behindertenorganisation dieser Länder wegen einer Betreuung des Lichtes Kontakt aufzunehmen. Ein besonderes Anliegen war unsere Aktion inzwischen aber auch der ÖBB-Generaldirektion in Wien geworden.

Schließlich fanden wir eine Gruppe von Helfern, die seit Jahrzehnten beweisen, was Freiwilligkeit bewirken kann: die Pfadfinder. 1988 hatten sie in Wien ersten Kontakt mit der Idee des Friedenslichtes bekommen. 1989 haben sie es übernommen, das Licht in unsere Nachbarländer zu bringen. Zunächst freilich dachten wir alle in erster Linie an Ungarn.

In Zusammenarbeit mit dem Hessischen Rundfunk hatten wir außerdem vereinbart, daß unser Licht in ein großes Lager mit DDR-Flüchtlingen gebracht werden sollte. Niemand ahnte zu diesem Zeitpunkt, daß wenige Wochen vor Weihnachten die Entwicklung ganz anders werden und ganz andere Möglichkeiten eröffnen sollte. Niemand von uns wird die Fernsehbilder je vergessen können, als sich in Berlin die Mauer öffnete. Niemand von uns wird auch die Bilder vergessen können, die wir aus Prag gesehen hatten, wo Demonstranten von der Polizei niedergeknüppelt worden waren. Brennende Kerzen hatten in der DDR und in der Tschechoslowakei eine ganz wichtige symbolhafte Rolle gespielt. Wo immer diese zarten, verletzlichen Flammen entzündet wurden, wurden sie zunächst von Polizeistiefeln zertreten. Letztlich aber hat das Licht gesiegt. Wenige Wochen vor Weihnachten ist auch in der DDR und in der CSSR das kommunistische Regime gestürzt worden. Eine unblutige Revolution des Friedens hatte bewirkt, was wir alle uns wenige Wochen vorher nie hätten vorstellen können.

In unserer Arbeit haben wir das in ganz besonderer Weise erfahren. Für die Aktion „Licht ins Dunkel" des Jahres 1989 hatten wir gemeinsam mit dem Komponisten und Elektronikmusiker Hubert Bognermayr und der Sängerin Silvie ein Friedenslied vorbereitet, das „Lied vom Licht". Mehr als 50.000 Schallplatten mit diesem Lied wurden in den Raiffeisenkassen Oberösterreichs zugunsten der Aktion „Licht ins Dunkel" verkauft. Das „Lied vom Licht" beschreibt in sehr schlichter und eindrucksvoller Weise die Idee unseres Friedenslichtes.

Um den Verkauf der Schallplatte zu fördern, hatten wir auch einen Videoclip dazu gestaltet. In diesem Clip stellten wir das schlichte Licht in der Hand eines Kindes dem brutalen Vorgehen der Ordnungshüter entgegen. Um den Gegensatz zu illustrieren, verwendeten wir nicht nur aktuelles Material von Kämpfen im Nahen Osten, sondern auch Bilder vom Niederknüppeln der Freiheitsbewegung in der Tschechoslowakei. Kurz nachdem das Fernsehmaterial geschnitten war, waren die Bilder bereits Geschichte. Die Freiheitsbewegungen hatten sich auch in jenen Ländern durchgesetzt, deren Regime als besonders starrköpfig und unbeugsam gegolten hatte.

Wir setzten alles daran, um den Gedanken von „Licht ins Dunkel" und die Idee des Friedenslichtes auch in diese Länder zu transportieren. Intendant Ernst Wolfram Marboe stellte sicher, daß ein Teil der zu erwartenden Mittel auch an die Behindertenhilfsorganisationen in Polen, Ungarn, der DDR und der CSSR gelangen würde. Über Vermittlung der Lebenshilfe für Behinderte Österreichs wurde es möglich, daß Vertreter dieser Einrichtungen unser Friedenslicht mit in ihre Heimat nahmen. Es sollte bei Live-Fernseheinstiegen von der Berliner Mauer, die keine Mauer des Schreckens mehr war, und aus den anderen Ländern als Zeichen der neuen friedlichen Entwicklung zu sehen sein.

Kurz vor Weihnachten konnten wir in Wien die Laterne mit dem Licht an die Vertreter Polens, Ungarns, der DDR und der CSSR übergeben. Inzwischen hatten die Pfadfinder Wiens ihre Kontakte in unsere Nachbarländer aktiviert. Sie konnten uns versichern, daß sie zwei Tage vor Weihnachten, sobald das Licht am Wiener Westbahnhof angekommen war, die Weitergabe an ihre Freunde aus den Nachbarländern organisieren würden.

Die Übergabe des Friedenslichtes an den Papst am 16. Dezember, wie ich sie am Beginn dieses Kapitels beschrieben habe, hatte eine neue Dimension gewonnen. Wir konnten dem Papst schildern, daß dieses Licht nicht nur in Österreich, sondern auch in seinem Heimatland Polen und in den anderen Ländern mit ehemals kommunistischer Herrschaft leuchten werde.

Unser Fernsehteam mit Sabine Hainzl war wie gewöhnlich mit der AUA nach Israel und zurück geflogen. Die Linzer Flugtaxi-Gesellschaft hatte es übernommen, unsere Reisegruppe, der auch Hubert Bognermayr und Silvie angehörten, nach Rom zu bringen. Einer der vielen Fluglotsenstreiks ließ uns allerdings zittern, ob unser Licht Rom noch rechtzeitig vor der Audienz erreichen würde. Schließlich kam die Gruppe am Vortag der Audienz kurz vor Mitternacht wohlbehalten auf dem Flughafen Rom-Ciampino an. Am Samstag vormittag freuten wir uns alle, dem Papst das Licht und die Schallplatte mit dem „Lied vom Licht" überreichen zu können.

Nach Österreich zurückgekehrt, überprüften wir in der Woche vor Weihnachten

Bild rechts oben: V.l.n.r.: Landtagspräsidentin Johanna Preinstorfer und Anneliese Ratzenböck, die Landesobfrau der Goldhaubenfrauen, von denen die Idee stammte, dem Papst einen Christbaum aus dem Sauwald zu schenken.
Bild rechts unten: Oberösterreichische Prominenz bei Papst Johannes Paul II.: LH-Stv. Dr. Karl Grünner, Bischof Maximilian Aichern und LH Dr. Josef Ratzenböck.

Papstaudienz am 16. Dezember 1989.

noch einmal alle Vorkehrungen, die eine Verteilung des Lichtes in den Nachbarländern ermöglichen würde. Ohne die wertvolle Hilfe der Wiener Pfadfinder und ihrer Freunde wäre das alles undenkbar gewesen. Ihr Bericht an anderer Stelle dieses Buches schildert die Bemühungen.

Es mußte garantiert sein, daß das Friedenslicht bei einer Fernseh-Live-Schaltung an der Berliner Mauer vorhanden war. Außerdem war vorgesehen, es im polnischen Posen auch bei einer Live-Sendung anzusprechen. In Polen konnte das Licht zudem in der in Warschau gelegenen Kirche der Resurrektionisten aufgestellt werden. Unmittelbar vor Weihnachten gewann „Licht ins Dunkel 1989" eine neue Dimension. In Rumänien war das Regime um Ceausescu gestürzt worden. Noch während der Weihnachtsfeiertage herrschten bürgerkriegsähnliche Zustände. Hilfe für die notleidenden Rumänen war ein Gebot der Stunde. Alle Überlegungen wurden noch einmal über den Haufen geworfen. In einem wirklich gigantischem Ausmaß waren die Österreicher bereit, nicht nur für die Behinderten in Österreich und den Nachbarländern, sondern vor allem auch für die notleidenden Menschen in Rumänien zu spenden. Daß es den ungarischen Pfadfindern gelungen ist, auch in das zu dieser Zeit unruhigste Land Europas mit unserem Licht ein Symbol des Weihnachtsfriedens zu bringen, grenzt an ein Wunder. Die Enspannung zu unseren Nachbarn im Norden war inzwischen fast selbstverständlich. So meldeten sich immer mehr Gruppen aus Oberösterreich, die das Licht nach Südböhmen bringen wollten. Die Lebenshilfe Oberösterreich fuhr mit einer kleinen Delegation durch die Orte entlang der Grenze, um das Licht zu den Menschen und in die Kirchen zu bringen. Feuerwehrjugendgruppen aus dem Mühlviertel, die erst wenige Tage zuvor neue freundschaftliche Kontakte zu ihren Kameraden jenseits der Grenze gefunden hatten, wollten die neue Verbundenheit mit der Übergabe des Lichtes unterstreichen.

Den eindrucksvollsten Beweis aber, welcher Symbolgehalt unserem Sinnbild des weihnachtlichen Friedens inzwischen zugekommen ist, bildete freilich die große Übergabe auf dem Hauptplatz von Budweis.

Sabine Hainzl machte ihre dritte Reise vor Weihnachten. Auf dem Hauptplatz entzündete sie gemeinsam mit einem Buben aus der südböhmischen Hauptstadt das Licht in einer Brandschale, von der es die Menschen mit nach Haus nehmen konnten. In der Bischofskirche von Budweis wurde unser Licht bis über die Feiertage bewahrt.

Der schönste Ausdruck des Symbolcharakters freilich war die Weitergabe des Friedenslichtes aus Bethlehem vom Stadtplatz in Budweis bis zum Dom. In einer langen Menschenkette wurde es von einem zum anderen weitergegeben.

Das Licht hat sich ausgebreitet, weil es die Menschen weitergegeben haben. Auch der Friede, der besonders zu Weihnachten im Mittelpunkt unseres Denkens stehen sollte, kann sich nur dann verbreiten, wenn ihn ein Mensch dem anderen schenkt.

Die Übergabe des Friedenslichtes auf dem Stadtplatz von Budweis.

AUS EINEM LESERBRIEF
IN DEN OÖ. NACHRICHTEN
VOM 13. JÄNNER 1990
Am Samstag, 23. Dezember 1989, brachten Ihre Landsleute nach Budweis die Flamme Bethlehems, wo Christus geboren wurde. Das Licht wurde in allen Orten unserer Republik verteilt. Es wurde sogar von Menschen angenommen, die nicht an Christus glauben.
Ich möchte meine Erfahrung mit dem Licht erzählen. Ich wohne in einem kleinen Dorf bei Budweis. Sofort, als wir die Flamme vom Hauptplatz heimbrachten — wo das Treffen stattgefunden hatte —, gingen meine Gattin und Tochter von Haus zu Haus, zu allen Familien von Mokrý Lom. Sie besuchten sogar kommunistische Familien. Alle, alle übernahmen die Flamme mit Rührung. Glauben Sie es oder nicht, es geschah, daß Menschen davon gerührt waren, sogar weinten.
Dieser Brief möge als Dank an die österreichischen Nachbarn gelten, die das Licht in unser Land brachten.

Mlejnik, Mokrý Lom

DAS FRIEDENSLICHT REIST PER BAHN

Bereits im Jahre 1986, als das „Friedenslicht aus Bethlehem" — eine Idee des ORF-Landesstudios Oberösterreich — im Rahmen der Aktion „Licht ins Dunkel" erstmals in Österreich eingeflogen wurde, stellten sich die Österreichischen Bundesbahnen in den Dienst dieser menschenverbindenden Aktion. Vom Ausgangspunkt Linz wurde das Licht mit Zügen der ÖBB zu allen Bahnhöfen Oberösterreichs und der Landeshauptstädte befördert und dort am 24. Dezember aufgestellt. Die interessierte Bevölkerung konnte sich so das — in einer ununterbrochenen Kette beförderte — Licht an diesem Tag von den Bahnhöfen abholen. Auch im Jahre 1987 wurde die Aktion im gleichen Umfang durchgeführt.

Das überaus große Interesse der österreichischen Bevölkerung führte Weihnachten 1988 zur Ausweitung der Aktion „Friedenslicht aus Bethlehem" auf ganz Österreich. Wieder waren es die Österreichischen Bundesbahnen, die es — mit ihrem weitverzweigten Schienennetz und dem Einsatz vieler Mitarbeiter — ermöglichten, das Friedenslicht in kurzer Zeit in allen Bahnhöfen des Bundesgebietes und einigen grenznahen Bahnhöfen Bayerns zum gleichen Zeitpunkt zur Abholung bereitzustellen.

1989 — die Grenzen nach dem Osten waren durchlässig geworden — reiste das „Friedenslicht aus Bethlehem" auf den völker- und staatenverbindenden Schienen der Eisenbahnen über Österreich hinaus bereits nach Budapest, Prag und Warschau und wurde von der dortigen Bevölkerung mit Freude aufgenommen. Da auch die Bewohner Süddeutschlands großes Interesse am Friedenslicht zeigten, kam es zu einer Kooperation zwischen den Österreichischen Bundesbahnen und der Deutschen Bundesbahn. Am 22. Dezember 1989 übergab der Generaldirektor der ÖBB, Dr. Übleis, das „Friedenslicht aus Bethlehem" in der Grenzstadt Passau an den Präsidenten der Bundesbahndirektion Nürnberg, Dipl.-Ing. Weigelt, der für die weitere Verteilung auf dem ihm unterstehenden Schienennetz sorgte.

Die Österreichischen Bundesbahnen und ihre Mitarbeiter haben zugesagt, diese völkerverbindende Aktion, an der sie von Anfang an mitgewirkt haben, und damit die Idee des „Friedenslichtes aus Bethlehem", des Symbols des Weihnachtsfriedens, auch weiterhin mit ihren Transporten tatkräftig zu unterstützen.

AUSTRIAN AIRLINES
UND DAS FRIEDENSLICHT

Gerne haben Austrian Airlines im Rahmen der Aktion „Licht ins Dunkel" mitgewirkt. Bereits viermal wurde ein Kind aus Oberösterreich, begleitet von einem ORF-Team, in der Adventzeit nach Israel geflogen, um in der Geburtskirche in Bethlehem das Friedenslicht zu entzünden und nach Österreich zu bringen. Den strengen Sicherheitsauflagen während des Fluges entsprechend, wurde das Licht in einer Grubenlampe befördert und zusätzlich von einem AUA-Sicherheitsbeauftragten begleitet. Schon bei der Ankunft in Wien hatten Mitarbeiter von Fluglinien und des Flughafens Gelegenheit, ihr persönliches Licht zu entzünden und für das Weihnachtsfest mit nach Hause zu nehmen. Als internationale Fluglinie sehen Austrian Airlines in dieser Aktion einen symbolischen Beitrag für Frieden und Völkerverständigung.

Gisela Schreiner

NACH BETHLEHEM UND ZURÜCK

Mit gemischten Gefühlen trat ich 1986 die erste Dienstreise nach Bethlehem an. Das Fremde, das Ungewohnte zog mich an und schreckte mich gleichzeitig ab. Was stimmte von all den sogenannten Tatsachen, die täglich über Israel in den Zeitungen zu lesen waren? Wie würde ich mit der Doppelfunktion als Aufsicht über einen behinderten jungen Menschen und als Redakteurin, die mit Ehrgeiz eine gute Geschichte und gute Fersehbilder nach Hause bringen wollte, fertig werden?

Dazu kam ein einfaches Licht, das aber als Symbol schwer wog: Rund 2000 Jahre christliche Geschichte und Kultur vereinigten sich in ihm. Würde ich es tragen können?

Mittlerweile ist diese Reise zu einem vorweihnachtlichen Ritual geworden, nicht aber zur Routine. Ich lernte dort Menschen kennen, ich sprach mit ihnen. Und diese Menschen gaben mir im Laufe der Zeit das Gefühl, etwas sehr Wichtiges zu tun. Alle, ob schreiende Markthändler in Bethlehem, ob Geistlicher oder Soldat, drückten auf ihre spezifische Art den Wunsch nach Frieden aus.

Das Symbol dafür konnte ich nach Europa und mit meinen Kollegen letztlich auch zum Papst bringen.

Eine Tatsache, die mich stolz macht.

EINE IDEE ÜBERWINDET
DIE BÜROKRATIE

„Ich kann Sie leider nicht ausreisen lassen, Ihr Paß ist abgelaufen", sagte der Zollbeamte am Schwechater Flughafen am 16. Dezember 1986 zum Kameramann. Dieser hatte gerade einen Tag vorher erfahren, daß er für einen plötzlich erkrankten Kollegen einspringen müsse. Ein paar Sachen in den Koffer geworfen, den Reisepaß eingesteckt, fertig! Wer denkt da an ein Ablaufdatum.

Es war noch eine halbe Stunde bis zum Abflug nach Israel. Für den Kameramann endete das Abenteuer am Zollschranken. Für den Produktionstechniker Robert Hiesmayr begann es just in dieser Minute. Ab sofort war er Kameramann. Im Blitzverfahren, zwischen Abflughalle und Rollfeld, bekam er eine Einschulung, was er alles nicht tun dürfe, wo die Fehlerquellen lägen, und zusätzlich ein aufmunterndes „Du machst das schon!" Irgendwann hatte er schon eine Kamera in der Hand gehabt, aber richtig mit ihr gearbeitet hatte er noch nie. Er solle sich doch keine Sorgen machen, sagte ich in ein kreidebleiches Gesicht. Er sei doch ausgebildeter Techniker, und ich würde ihm ja grundsätzlich auch helfen. Daß wir jetzt zu zweit schleppen mußten, was ursprünglich drei Personen getragen hätten, daran dachten wir im Moment überhaupt nicht. Robert Hiesmayr war ehrlich genug zuzugeben, sich eher als Opferlamm denn als Held zu fühlen. Ehrlich gestanden, sehr viel mutiger war ich in diesem Moment auch nicht. Wir hatten ohnehin keine andere Wahl, unsere Termine waren fixiert.

Markus Födinger, 13 Jahre alt, mongoloid, für sein Alter auffallend intelligent, aber mit allen Tücken seiner Krankheit behaftet, war jener oberösterreichische Bub, der im ersten Jahr auserkoren war, das Friedenslicht in der Geburtsgrotte in Bethlehem zu entzünden. Er war über unsere Hektik mehr als erstaunt.

Ich fühlte mich als Zerrissene. Sollte ich zuerst Redakteurin sein, Produktionstechnikerin, oder sollte ich meine Muttergefühle an Markus erproben, den ich ohnehin nicht aus den Augen ließ. Dem Schicksal zum Trotz betraten wir voller Tatendrang und frohen Mutes nach drei Stunden Flug den Boden des Gelobten Landes. Zu diesem Zeitpunkt ahnten wir noch nicht, was da alles auf uns zukommen sollte.

So als seien wir auf Herbergssuche, saßen wir auf unserer Kameraausrüstung vor der Geburtskirche zu Bethlehem. Bürokratie ist auch im Nahen Osten üblich, und so hatte ich jetzt die Aufgabe, zu einer Drehgenehmigung zu kommen, jenem Zettel, der uns erlauben würde, in der Kirche eine Fernsehkamera zu bedienen. So etwas wie eine Pfarre müßte doch auch die Geburtskirche in Bethlehem haben, dachte ich auf gut oberösterreichisch. In gewissem Sinne hat sie das auch, nur sind es hier deren drei: die Franziskaner, die Griechisch-orthodoxen und die Armenier — mit Sitz in Jerusalem! Aus eingeweihten Kreisen erfuhr ich dann auch, daß ich nach rund einer Woche das amtliche Papier sicher in Händen halten würde. Wir hatten 3 Tage Zeit!

„Sie haben eine große und teure Ausrüstung für ein Homevideo," sagte der Regisseur eines amerikanischen Fernsehteams, das soeben mit 30 Mann aus einem Bus hervorgequollen war. Er war mit seinen Mitarbeitern gekommen, um in der großen Katharinenkirche ein Hochamt für das Fernsehen aufzuzeichnen. Er meinte wohl, wir seien eine nette Familie und drehten ein Heimvideo für Weihnachten. Nachdem ich ihm die Geschichte vom Friedenslicht erzählt hatte, ging ihm ein Licht auf, und er drückte mir einen Zettel in die Hand. Es war die Kopie einer Drehgenehmigung. Noch nie hab' ich an Wunder geglaubt, sollte ich es plötzlich in Bethlehem lernen?

Der Amerikaner war der letzte, der uns unentgeltlich weitergeholfen hatte. Von jetzt ab galt es, immer nach dem „Sesamöffne-dich" zu greifen. Gegen mäßigen Bakschisch ist so gut wie alles zu bekommen, vorausgesetzt, man entrichtet diesen Bakschisch in Dollars.

Die reliefartig zerfurchte olivenfarbige Haut, das feingekräuselte, zusammengebundene, lange schneeweiße Haar und die wachen kohlschwarzen Augen erregten sofort meine Aufmerksamkeit. Ich sah diesen uralten griechisch-orthodoxen Priester, der vor der Geburtsgrotte an einem Standl Kerzen und Jordanwasser verkaufte, wie durch die Linse der Kamera. An ihm müssen alle vorbei, er ist eine Art Hüter vor dem Abgang zur Grotte. Ich erklärte ihm, was wir wollten. Er sprach fließend drei Worte Englisch: „Dollars for electrica!" Wir verstanden uns, was sich auch in den folgenden drei Jahren nicht ändern sollte. Er gehört nach wie vor zum Inventar der Geburtskirche und agiert mittlerweile bereitwillig im Scheinwerferlicht.

Ansicht von Bethlehem.
Darunter Abgang zur Geburtsgrotte und die Grotte selbst.

Ein Dutzend ausgetretener Steinstufen führt in die Dunkelheit hinunter. Unter der Basilika liegt die kleine Nische in die Mauer geduckt, mit Marmor ausgelegt, erhellt durch die Flamme, die in einer Schale brennt: die Geburtsgrotte zu Bethlehem. Jahr für Jahr pilgern Tausende hierher. Wie viele Menschen mögen wohl im Laufe der Zeit den silbernen Stern am Boden der Grotte geküßt haben, auf dem geschrieben steht: „Hier ist Jesus von der Jungfrau Maria geboren worden". An der Flamme in der Schale an genau dieser Stelle entzündet seit 1986 jedes Jahr ein oberösterreichisches Kind das Friedenslicht in der kleinen Bergmannslaterne, in der es dann zu uns nach Oberösterreich gebracht wird. Nach einem deutlichen Hinweis auf unser bewährtes „Sesam-öffne-dich" hat sich jedes Jahr ein anderer geistlicher Würdenträger bereit erklärt, den kleinen Friedensbotschafter aus Oberösterreich in die Grotte zu begleiten. Einmal war es sogar der Archimandrit, der Patriarch der griechisch-orthodoxen Kirchengemeinde.

Im letzten Jahr eilte ein junger griechischer Pater, des Fernsehens ansichtig geworden, in die hinteren Räume der Kirche. Dazu muß man wissen, daß das Altarbild für den kleinen Grottenaltar auswechselbar ist, und es gibt mehrere davon. Er kam mit jenem Altarbild zurück, das für uns eine Seltenheit darstellte, nämlich dem Weihnachtsaltarbild. Wir freuten uns sehr über die gute Idee. Kaum waren die Aufnahmen gedreht, hastete der junge Pater mit dem Altarbild unterm Arm, fast über seine Kutte stolpernd, über die Stufen zurück hinaus aus der Geburtsgrotte. Anschließend gestand er uns, daß es nicht erlaubt sei, dieses Bild außerhalb der Weihnachtsfeiertage am Altar anzubringen. Einige Minuten später kamen seine Mitpatres zum täglichen Gebet.

„... UND BEI DENEN DA HOL' ICH DAS FRIEDENSLICHT, DIE BRAUCHEN SELBER EINEN FRIEDEN."

Im ersten Jahr, 1986, war es ein einziger riesiger Weihnachtsmarkt, das Bethlehem, das wir kennenlernten. Bei Tagestemperaturen um 20 Grad — nachts wird es allerdings empfindlich kälter — spielt sich das Basarleben im Freien ab. Alle Arten von Südfrüchten, Gewürze, frisch geschlachtete Ziegen und Schafe, ganze Berge von exotischen Gemüsen und jede Art von Hausrat bunt durcheinandergewürfelt, werden von den laut schreienden Händlern feilgeboten. Durchmischt ist das Angebot von grellbuntem Kinderspielzeug, Girlanden in knalligen Farben und hoch über den Straßen schweben — wir trauen unseren Augen nicht — viele Weihnachtsmänner, so wie wir sie kennen, mit rotem Winterrock und Pelzstiefeln. Auch der von Rentieren gezogene Schlitten fehlt nicht. Die schillernde Aufschrift „Merry Christmas" läßt den Touristen nicht vergessen, warum er hierher gekommen ist.

Eine besondere Augenweide ist auch der Christbaum, der gleich direkt neben dem Minarett auf dem Hauptplatz von Bethle-

Bethlehem — Weihnachts- und Lichtergirlanden.
Bild unten: Die andere Seite von Bethlehem:
Die Stadt im Spannungsverhältnis zwischen Palästinensern und Israelis.

hem, zwei Stock hohe Häuser überragend, mit Weihnachtsschmuck überladen, die Äste hängen läßt. Rundum scharen sich die Straßenverkäufer mit ihren kleinen Wägelchen voll picksüßer orientalischer Leckereien. Der glatzköpfige Schuhputzer mit den riesigen Fledermausohren und dem zahnlosen Mund wieselt mit seinem kleinen Holzschemel über den Hauptplatz. Eilfertig poliert er unserem Kameramann sogar während der Dreharbeiten die Schuhe. Aus dieser Zeit stammen auch die vielen Visitenkarten, die wir zugesteckt bekommen. Denn sowas hat dort jeder Straßenhändler. Im Jahr darauf, 1987, beginnt der Palästinenseraufstand und Bethlehem verändert sich grundlegend. Wolfgang Dobias, der 1987 das Friedenslicht entzündete, erlebte nur für einige Stunden ein fröhliches Bethlehem. Er konnte die Laterne noch über den lärmenden Basar tragen. Wenig später ist Bethlehem nicht wiederzuerkennen. Die Palästinenser protestieren im Gazastreifen und im Westjordanland mit Streiks und zivilem Ungehorsam gegen die israelische Besatzungsmacht. Die Geschäfte werden geschlossen, der Markt ist ein toter Platz voller Blechbaracken. Stinkende Mistkübel haben den Weihrauch verdrängt. Die Menschen trauen sich nicht auf die Straßen, denn überall treffen sie auf Militärfahrzeuge und bewaffnete israelische Soldaten.

Im Jahr 1988 steigen wir auf dem Hauptplatz mit Chy Meng Ing aus dem Auto und blicken in die Gewehre der Besatzungssoldaten. Sie verbieten uns jede Art von Auf-

treten, von Dreharbeiten könne überhaupt keine Rede sein.

Inzwischen aber haben wir bereits gute Kontakte zu Kollegen vom israelischen Rundfunk und Fernsehen. Abu Jarir, der mit allen Kirchengemeinden gut befreundet ist, und Victor Cammar, ein Fernsehproducer, wissen schon ein „Hintertürl", wie wir unauffällig in die Kirche kommen und letztlich doch das Friedenslicht und die Fernsehaufnahmen nach Hause bringen können. Der kleine Kambodschaner Chy Meng Ing, der mit seiner Familie durch die Flucht nur knapp dem Tod entronnen war und in Oberösterreich eine zweite Heimat gefunden hat, sagte in diesen Stunden für mich etwas Unvergeßliches: „Und bei denen da hol' ich jetzt das Friedenslicht, die brauchen doch selber einen Frieden."

Wie sehr gerade Chy Meng Ing die Gefühle der Menschen hier getroffen hat, beweist die Aussage eines jungen Palästinensers, der uns im Jahr darauf begegnete und uns ausfragte, was wir denn in Bethlehem zu suchen hätten. Sabine Hainzl erzählte ihm über ihre Mission. Plötzlich flackerte in den Augen dieses jungen Burschen eine spürbare Begeisterung und er sagte in schlechtem Englisch, aber nicht minder beeindruckend, „Take it around the world, sometimes it will come back to us!" (Nimm es mit, trag' es um die Welt, eines Tages wird es zu uns zurückkehren.)

GROSSES LICHT
MIT KLEINEN TÜCKEN
Mit brennender Laterne geht Markus am

17. Dezember 1986 durch die Gassen von Bethlehem, wir drehen eine Szene für das Fernsehen. Markus soll auf einen ausgemachten Pfiff um eine Ecke gehen. Die Kamera läuft, ich pfeife, Markus kommt nicht. Ich pfeife noch einmal, nichts. In dem lauten Geschrei des Basars hat er mich vielleicht nicht gehört, ich renne die Stufen hinauf zu der Stelle, an der Markus stehen sollte. Er ist verschwunden. Panisch beginne ich zu suchen. Im Hexenkessel eines orientalischen Marktes fürchte ich, ihn verloren zu haben. Wenige Meter vom Ausgangsort entfernt steht Markus, verträumt mit seiner brennenden Lampe in der Hand, und schaut mit größtem Interesse dem Fleischhauer zu, der gerade mit einer Hacke den Kopf einer geschlachteten Kuh vom Rumpf trennt. Marktalltag in Bethlehem.

Kurz vor der Abfahrt von Bethlehem nach Tel Aviv befördern wir die Koffer mit der Kameraausrüstung ins Taxi und erledigen all die nötigen Formalitäten. Markus, jetzt der Hüter des Lichtes, versucht zu helfen. Ergebnis seiner Hilfsbereitschaft: Auf dem Boden im Hotelfoyer liegt der zerbrochene Glassturz der Messinglampe, der Brennstoff ergießt sich stinkend über den Teppichboden, von einer Flamme keine Spur. Markus wird bleich, es dauert nur eine Schrecksekunde, und Robert holt zuerst die Reservelampe aus dem Kofferraum und nimmt dann Markus an der Hand. Er fährt mit ihm noch einmal zur Geburtskirche, um das Licht neuerlich zu holen. Ich beruhige in der Zwischenzeit das aufgeregte

Hotelpersonal, aber nicht wegen der Scherben auf dem Boden, sondern wegen des Friedenslichtes. Denn sie waren genauso erschrocken, als die Lampe plötzlich brach. Wer mit einer brennenden Laterne auf einem Flughafen auftaucht, der erregt Argwohn. In Israel ist das eine Provokation. Das Friedenslicht sollte vor dem Abflug in eine Speziallampe umgezündet werden. Wir wollten um alles in der Welt ein vorzeitiges Verlöschen verhindern, so taten wir, was dazu notwendig war. Wir öffneten die Lampe und gossen Brennstoff nach. Der Wachposten, der sich inzwischen mit aufgepflanzter Waffe hinter uns postiert hatte, war absolut nicht davon überzeugt, daß es sich hierbei um ein *Friedenslicht* und nicht um eine Bombe handelte. Vor der Arretierung rettete uns ein Mann der AUA in Tel Aviv, Gabi Schloss. Immer mit Funkgerät und leicht gerötetem Gesicht unterwegs, ständig seine Mannschaft auf Trab haltend, ist Gabriel Schloss jener Mann in Tel Aviv, der Barrieren zum Verschwinden bringt.

Und da ist noch einer, für den es nicht Weihnachten wird, bevor er nicht das Friedenslicht begleitet hat. Rudolf Pummer, Sicherheitsspezialist der AUA. Er hat die Speziallampe konstruiert, die den Transport des Friedenslichtes an Bord des Flugzeuges überhaupt ermöglicht. Die Grubenlampe steht in einem eigens dafür gebauten Kupferbehälter und wird während des gesamten Fluges über einen Schlauch mit Sauerstoff aus der Luftdüse versorgt. So kann die Flamme nicht verlöschen und sämtliche Sicherheitsbestimmungen sind erfüllt. Rudolf Pummer ist also der Garant für den sicheren Transport des Lichtes während des Fluges.

Inzwischen hat sich der kleine Kreis der „Reisenden in Sachen Friedenslicht" erweitert. Robert Hiesmayr hatte seine Aufgabe als Ersatzkameramann hervorragend bewältigt. Die Filmaufnahmen, die er nach Hause brachte, waren bestens gelungen und von allen Seiten hörte er nur Lob und Begeisterung. In den Folgejahren übernahm dann Alois Sulzer die Kamera, und seit zwei Jahren gehört Andry Puluj zum bewährten Friedenslichtteam.

Marktszenen in Bethlehem.

Markus Födinger-Hinterhölzl

1986: DAS ERSTE FRIEDENSLICHT

Wir sind zu der Geburtskirche gefahren, und wir sind hineingegangen, und wir sind sogleich in die Geburtsgrotte gegangen. Ich habe den Stern geküßt und hab das heilige Licht herausgebracht. Es war kalt und finster. Ich habe das Ganze ernst gemeint. Wir sind dann herausgegangen.

Wolfgang Dobias

1987: DAS SCHÖNSTE ERLEBNIS IN MEINEM LEBEN

Nach Ihrem Anruf, zwei oder drei Wochen vor Beginn der großen Reise, konnte ich es noch gar nicht fassen, daß ich aus so vielen Zuschriften ausgewählt worden war.

Da ich noch nie in meinem Leben geflogen bin, war das natürlich die größte Aufregung. Als dann die ganzen Vorbereitungen getroffen waren, ging's um 9.00 Uhr morgens endlich los. Wir flogen ca. 3½ Stunden, und es war ein herrliches Gefühl. In der Luft, hoch über den Wolken, hatte ich plötzlich gar keine Angst mehr, im Gegenteil, es gefiel mir sogar sehr.

In Tel Aviv angekommen, mußten wir beim Zoll sehr lange warten. Dort unten, weit weg von daheim, war es ganz anders. Zu Hause hatten wir Schnee, und zur selben Zeit schien die Sonne in Bethlehem. Das Gruppenklima war sehr gut, ich verstand mich mit dem Kamerateam hervorragend.

Da wir am Tag die meiste Zeit drehen mußten, blieben uns nur der späte Nachmittag und der Abend zum gemeinsamen Lustigsein. Die Zeit in Bethlehem war ein großes Erlebnis für mich und bis jetzt die weiteste Reise in meinem Leben.

Als wir in der Geburtsgrotte waren und ich die Kerze an der Feuerstelle angezündet habe, hatte ich schon ein komisches Gefühl im Magen.

Obwohl diese Reise sehr viel Aufregung und Herumfahrerei war, so war es doch das Schönste und Größte in meinem bisherigen Leben.

49

Chy Meng Ing

1988: VOM ARCHIMANDRIT BEGLEITET

Als wir von Linz — ORF wegfuhren, hatten wir uns auf den Weg nach Wien gemacht. Es war schon sehr spät, als wir ankamen, und wir übernachteten in einem Hotel. In der Früh stiegen wir ins Flugzeug ein. Ich war schon sehr aufgeregt. Wir flogen nach Tel Aviv. Von dort ging es in die Stadt Bethlehem. Als wir ankamen, gingen wir hinein in das Hotel. Mein Zimmer war sehr schön. Im unteren Stock bekamen wir auch gleich etwas zu trinken. Die Leute im Hotel waren sehr nett und freundlich. Es war bereits Abend, und wir bekamen das Abendessen. Es hatte mir gut geschmeckt. Schon am nächsten Tag gingen wir in die Kirche.

Der Bischof führte mich zur Geburtsstelle von Jesus. Dort holten wir das Friedenslicht. Vom Hotel fuhren wir zum Flughafen. Als dort die Maschine stand, flogen wir wieder nach Wien und nachher heim. Ich freute mich schon sehr. Auch das Friedenslicht hatte ich mit und konnte es weitergeben.

Sabine Hainzl

1989: IN BETHLEHEM UND ROM

Meine Reise nach Bethlehem ging am 12. 12. 1989 los. Gisela Schreiner, Andry Puluj, Alois Sulzer und ich flogen 4 Stunden mit Austrian Airlines, bis wir unser Reiseziel erreichten. Während meines 1. Fluges durfte ich sogar im Cockpit sitzen. Nachdem wir in Tel Aviv gelandet waren, wurden wir mit einem Taxi nach Bethlehem gebracht.

Dort war alles ganz anders, als ich es mir vorgestellt habe. Die Straßen waren fast leer, nur einige Kinder lungerten bei den Häusern herum. Die Geschäfte hatten nur vormittags geöffnet, weil Bethlehem militärisches Sperrgebiet ist. Die Leute waren alle sehr gastfreundlich und nett, obwohl fast überall sehr ärmliche Verhältnisse herrschten.

Als ich das sah, kam mir zum Bewußtsein, wie gut es mir und den anderen Menschen bei uns geht. Am nächsten Tag machten wir uns schon bald auf den Weg zum Markt, der nur vormittags war. Da war was los! Viele Menschen waren dort — im Gegensatz zum vorigen Tag, wo Bethlehem wie ausgestorben war. Überall wurden Waren angeboten, Gemüse, Obst, Fleisch, Textilien usw.

Nach einigen Filmaufnahmen gingen wir zur Kirche. Die Kirche war sehr schön. Die Fresken an den Wänden und die Lichtampeln gaben ihr einen ganz eigenen, fremdartigen Charakter. Ganz anders als wir es von unseren Kirchen gewöhnt sind. Ich und der Pfarrer gingen in die Geburtsgrotte hinunter. Dort hingen viele Lichtampeln, und es war ziemlich düster. In einer silbernen Sternschale war das Licht aufbewahrt. Auf diesem Stern stand: Hier ist Jesus Christus von der Jungfrau Maria geboren worden. Ich zündete das Licht in unsere mitgebrachte Laterne um. Es war ein schönes Gefühl, das Licht zu tragen und zu wissen, daß es auch in andere Länder gebracht wird und den Menschen symbolisch den Frieden überbringen wird.

Die 3 Tage in Bethlehem vergingen wie im Fluge, und am 14. 12. 1989 flogen wir leider schon wieder zurück.

Am 15. 12. 1989 flogen wir mit einem Privatflugzeug nach Rom. Diesmal war auch Silvie mit dabei. Nach dem ca. 2stündigen Flug holte uns Helmut Obermayr vom Flugplatz ab. Obwohl es schon nach 22.00 Uhr war, waren die Straßen noch vollgestopft mit Autos und Menschen. Nachdem wir endlich unser Hotel erreicht und unsere Zimmer bezogen hatten, gingen wir noch auf den Petersplatz, wo schon der Christbaum stand.

Am nächsten Tag war um ca. 12.30 Uhr Privataudienz des Papstes. Rund 2000 Oberösterreicherinnen und Oberösterreicher waren nach Rom gereist, um diesen Tag mitzuerleben. Viele Chöre sangen und es war alles sehr feierlich. Gegen Ende der Audienz ging der Papst durch die Reihen und schüttelte einigen Menschen die Hände. Silvie übergab dem Heiligen Vater ihre Schallplatte und ich das Friedenslicht. Es war ein sehr feierlicher, unvergeßlicher Augenblick für mich. Am Sonntag flogen wir wieder nach Linz zurück. Mir ist aber erst jetzt richtig bewußt geworden, was es bedeutet, den Papst zu sehen. Viele Menschen wünschen sich das. Ich war auch ganz erstaunt, wieviele Menschen meine Reise im Radio und im Fernsehen verfolgt haben und sich mit mir darüber freuten. Mir gefällt es sehr, das Friedenslicht zu Weihnachten anderen Leuten zu schenken, von dem immer mehr Menschen Gebrauch machen. Es ist wirklich eine sehr schöne Geste.

Diese Reise war mein schönstes Erlebnis, und dieses wird immer in meiner Erinnerung bleiben.

Sabine Hainzl übergibt Papst Johannes Paul II. das Friedenslicht.

Anneliese Ratzenböck

DAS LICHT KOMMT INS HAUS

Der Glaube der Menschen, daß Licht die bösen Geister vertreibt, ist uralt. Etwas von dieser Urangst steckt noch in den kleinen Kindern, wenn sie sich im Dunkeln fürchten. Lichterbräuche kommen daher besonders aus jenen Ländern, die unter langen Wintern leiden.

Später vermischte sich heidnischer Brauch mit christlichem Glaubensgut, und so war es eben dann die geweihte Kerze, die angezündet wurde, wenn es galt, Angst und Furcht zu vertreiben. Beispiele dafür sind die Wetterkerze und das Allerseelenlicht. Natürlich gehört auch jene Kerze dazu, die — sogar in mondheller Nacht — die Leute zur Mette begleitete und auch das Licht, das derjenige entzündete, der während der Mette das Haus bewachte. Man löschte es erst, wenn alle wieder vom Kirchgang zurück waren.

Heute sind Kerzen beliebte Stimmungsbringer. Die geweihte Kerze entzünden wir zu Hause allerdings nicht mehr so oft, wie es noch vor hundert oder zweihundert Jahren üblich war. Aber wenn ein Kind getauft wird, wenn es zur ersten hl. Kommunion geht, wenn es gefirmt wird, wenn eine Trauung stattfindet oder wenn ein Mensch stirbt, ist eine Kerze dabei.

Das ganze Jahr über werden in den Familien nicht so viele Kerzen entzündet wie im Dezember, vorerst auf dem Adventkranz und dann auf dem Weihnachtsbaum. Licht ist ein so positiver Wert, daß viele Begriffe, die hohe ethische Normen für den Menschen darstellen, mit dem Wort Licht verbunden, an Intensität und Bedeutung

gewinnen: Licht der Wahrheit, Licht der Liebe, Licht des Heils, Licht des Friedens! Wir in Oberösterreich haben seit fünf Jahren ein besonderes Licht, mit dem wir zu Weihnachten unsere Kerzen entzünden — das *Friedenslicht*, das Licht aus Bethlehem, das uns durch unser ORF-Landesstudio von einem Kind gebracht wird.

Ein neuer Brauch ist bei uns im Land entstanden! Wenn etwas durch fünf Jahre mit schöner Regelmäßigkeit geschieht, dann kann man noch nicht sagen, daß dies ein alter Brauch ist. Daß es aber ein guter Brauch ist, das wissen wir bereits, und daß es schon ein liebgewordener Brauch ist, das spüren wir überall in den Familien und in der Öffentlichkeit.

Vom ORF-Landesstudio aus geht das Licht mit der Bundesbahn in das ganze Land. Pfarrer holen es in die Kirchen, geben es an ihre Gläubigen weiter. Die Menschen machen sich auf den Weg, sie holen das Licht, sie bringen das Licht. Sie tragen es in die Altenheime, sie tragen es zu denen, die nicht mehr unterwegs sein können, zu den Einsamen, zu den Kranken, zu den Behinderten.

In den Familien haben sich rund um dieses Licht seit dem ersten Erscheinen ganz feste Gewohnheiten ergeben, sogenannte feste Bräuche, die ja so wichtig sind für unser Leben, wie es auch Saint Exupéry im „Kleinen Prinzen" ausdrückt: „Es muß feste Bräuche geben, damit man sich auf etwas freuen kann."

Am Nachmittag des 24. Dezember holen wir mit einer Laterne das Friedenslicht vom

ORF-Landesstudio nach Hause. Mein Mann geht dann in unserem Wohnhaus von Tür zu Tür und gibt das Friedenslicht weiter. So läutet man wenigstens einmal im Jahr an jeder Tür. Auch ins Nachbarhaus zu ein paar Freunden bringen wir dieses Licht. Man stört dabei die persönliche familiäre Festatmosphäre nicht. Es ist nur eine kurze Minute der Begegnung, eine offene Tür, eine Kerze entzündet die andere, gute Wünsche werden ausgetauscht. Das ist wenig und kann doch recht viel sein. Jeder rechnet schon mit diesem festen Brauch, jeder freut sich auf das Licht.

Die Familien lassen sich sehr viel einfallen im Zusammenhang mit diesem Licht, sie finden zu eigenen Bräuchen. Das Friedenslicht wird auf die Gräber der Verstorbenen getragen und zum Kriegerdenkmal. Auch davon habe ich schon gehört, daß man eine Feindschaft in der Nachbarschaft ohne viele Worte mit der Weitergabe des Friedenslichtes ausgelöscht hat. Licht vertreibt das Böse, das haben schon unsere Vorfahren geglaubt; gut, wenn auch wir wieder daran glauben dürfen.

Wir wissen nicht, wieviele, aber es sind sehr viele Familien in Oberösterreich, die am Heiligen Abend die Kerzen ihres Christbaumes mit dem Friedenslicht entzünden. Der Umgang mit diesem Symbol geschieht sehr bewußt. Das Licht ist verknüpft mit dem Heilsgeschehen in der Geburtsgrotte zu Bethlehem, und es trägt den Friedenswunsch mit seiner Flamme weiter.

Frieden daheim in den Familien, zwischen den Ehepartnern, den Eltern und Kindern, Frieden in der Nachbarschaft, im Dorf und in den Gemeinschaften des öffentlichen Lebens ist die Voraussetzung für den Frieden im Land und in der Welt. Man vergißt dies so leicht, weil persönliche Verantwortung in diesem Zusammenhang immer ein bißchen beschwerlich ist. Wir meinen alle jene genau zu kennen, die für den Frieden in der Welt zuständig sind, und wir vergessen nur allzu oft dabei, daß auch wir dazu gehören.

Das Friedenslicht aus dem ORF-Landesstudio ist *unser* Friedenslicht geworden, das dürfen wir nach diesen fünf Jahren wirklich sagen. Es hat Eingang gefunden im Weihnachtsbrauchtum der Familien.

Freilich denke ich immer wieder zurück an die erste, sehr persönliche Erfahrung mit dem Friedenslicht. Im Umgang mit dem offenen Feuer, mit Kerzenlicht sind wir im Zeitalter der Glühbirnen nicht mehr ganz so bewandert, ich habe jedenfalls gewaltiges Lehrgeld bezahlt, nicht für Unvorsichtigkeit, sondern eher für Gedankenlosigkeit. Die Freude über dieses Licht, das uns ein oberösterreichisches Kind aus Bethlehem nach Linz gebracht hatte, war groß, als wir es am 24. Dezember 1986 nach Hause holten. Jede Kerze, die bis dahin nur zur Zierde mit jungfräulichem Docht in der Wohnung stand, wurde sofort mit dem Friedenslicht entzündet. Das war eine gute Idee, wie sich später nach dem Eintreffen der Enkelkinder herausstellte. Die hatten nämlich nichts eiligeres zu tun, als alle Kerzen wieder auszublasen. Alle haben sie

aber nicht entdeckt, und eine Kerze genügt ja, um das Friedenslicht weiterzugeben. Wir hüteten sie ab sofort sehr sorgsam. Ich wollte dieses besondere Licht unbedingt in das Neue Jahr hinüberretten. Ich tüftelte einen sehr sorgfältigen und ungefährlichen Plan aus. Da wir ja vom 27. bis zum 30. Dezember die Tage in Neukirchen verbringen wollten, mußte das Licht in Linz alleine weiterbrennen. Ich stellte also eine ganz dicke Kerze in das Abwaschbecken in der Küche — Nirosta kann nicht brennen, fließendes Wachs stiftet keinen Schaden, kein Luftzug wird die Flamme auslöschen können. Das war eine sogenannte „Weltidee". Nach drei Tagen kamen wir in die Wohnung zurück — die Kerze in der Küche brannte friedlich. Aber oh Schreck, die Küche war schwarz — eine echte Rauchkuchl war entstanden! Die Tapeten hatten einen millimeterdicken Rußbelag, die weißen Kasteln hatten einen öligen dunkelgrauen Überzug, nicht nur außen, auch innen bis in den hintersten Winkel, die Vorhänge hingen wie Trauerfahnen vor dem Fenster. Mein strahlendes Kochparadies hatte sich still und friedlich in eine schmutzige, ölige, rußige Räuberhöhle verwandelt. Da war mir schon das Weinen näher als das Lachen! Aber wenn man einen Ehemann hat, der über solche Katastrophen lachen kann, weil er an größere gewöhnt ist, verkraftet man solche „Schicksalsschläge" leichter. Im ersten Jahr war es für mich, vornehm ausgedrückt, ein „verflixtes" Friedenslicht.

Trotzdem, jedes Jahr freuen wir uns auf dieses Licht — wir holen es ins Haus, blasen es aber rechtzeitig wieder aus.

Dieser oberösterreichische Brauch wächst, er weitet sich aus, er geht über die Familien, über unser Bundesland hinaus. Wir tragen das Licht weiter, über die Grenzen in andere Länder: Weihnachten 1989 kam es nach Budweis und mit dem Christbaum der o.ö. Goldhaubenfrauen nach Rom.

Dieses Licht aus Bethlehem hat in Oberösterreich Flügel und Räder bekommen, und vor allem sind ihm Tausende Füße und Hände gewachsen, die es weiterreichen, damit es von einem zum anderen die Botschaft bringt: Friede den Menschen auf Erden, die guten Willens sind.

Wilhelm Zauner

SINNBILD LICHT

Wir haben heute kein Problem mit dem Licht. Wenn es zu dunkel wird im Raum, drehen wir eben das Licht an. Die Straßen unserer Städte sind bei Nacht hell erleuchtet. Das Sportstadion hat eine Flutlichtanlage, die ein Fußballspiel bei Nacht noch faszinierender macht als am Tag. Wenn es dunkel wird auf der Autobahn, schalten wir die Halogen-Scheinwerfer ein und fahren unbehindert weiter.

Die Überfülle des Lichts, die uns umgibt, macht uns blind für das Wunder. Uns fehlt die Erfahrung der Dunkelheit. Das Wunder des Brotes entdeckt nur, wer Hunger hat; die Erquickung des Wassers erfährt nur, wer dürstet. Die vielen Wörter, die wir täglich hören und lesen, lassen uns das eine Wort überhören und übersehen, das uns heilen oder einen Weg weisen könnte. Dennoch: In der Fülle des Lichts, das uns heute umgibt, wächst gleichzeitig eine neue Kerzenkultur. Sie offenbart die Sehnsucht nach einem Licht, das nicht so leicht zu haben ist. Eine Kerze muß man pflegen. Sie steht als Lichtquelle nicht so rasch zur Verfügung wie eine Taschenlampe. Man muß erst sehen, ob der Docht in Ordnung ist und ob sie nicht im Luftzug steht. Man braucht ein Zündholz, und man muß ein wenig warten, bis der Docht zu brennen beginnt. Eine Kerze gibt ein spärliches Licht, aber es ist lebendig und es wärmt; es geht zu Herzen.

Dem Geheimnis der Kerze nähern sich junge Menschen am ehesten, wenn sie selber Kerzen gießen. Da läßt sich wunderbar mit Farben und mit Formen spielen; da lassen sich tiefsinnige Worte und Zeichen anbringen. Da riecht das Wachs und klebt ein wenig an den Fingern. Es ist immer ein bißchen aufregend und überraschend, die fertige Kerze zu betrachten und zu betasten. Es kann sehr schön sein, eine selbstgemachte Kerze einem Menschen zu schenken, den man gern hat. Das ist etwas anderes, als wenn man ihm eine Taschenlampe oder eine Glühbirne schenkt.

Freilich haben längst auch das Kunsthandwerk und die Industrie das Bedürfnis vieler Menschen nach dieser Lichtquelle entdeckt. Es läßt sich trefflich vermarkten und man kann im Kaufhaus nicht nur Sonderangebote billiger Industriekerzen kaufen, sondern man kann auch kunstvolle und sündteure Kerzengebilde erwerben. Sie können so kostbar erscheinen, daß man sich nicht traut, sie anzuzünden, sondern sie lediglich als Zimmerschmuck verwendet. Immerhin, wir sind dabei, das Licht als Sinnbild wieder zu entdecken.

URSYMBOL LICHT

Das Licht ist eines der religiösen Ursymbole der Menschheit. Weil man es nicht greifen kann, ist es ein Symbol für das Immaterielle und Geistige. Als Gegensatz zur Finsternis als dem Symbol des Todes und des Bösen gilt es in allen Religionen als Sinnbild des Lebens und des Guten. Die Dunkelheit wird den bösen Mächten zugeordnet, das Licht der Gottheit. Deshalb werden in den ältesten Religionen alle Lichtquellen als Gottheit verehrt: Sonne, Mond und Sterne, Feuer und Blitz.

Bei der Verehrung der Gottheit spielt das Licht eine große Rolle. Es gibt kaum einen Gottesdienst ohne die Verwendung von Licht als Sinnbild für die Gegenwart der Gottheit und die Beziehung zu ihr. Licht und Feuer werden vom antiken Menschen als Geschenk der Gottheit erfahren und in der Feier des Gottesdienstes dankbar entgegengenommen. In der ausgehenden Antike hatte der Sonnenkult eine große religiöse und politische Bedeutung. Dem Sonnengott ist der Sonntag geweiht. Nachbildungen der Sonnenscheibe finden sich in vielen Formen als religiöse Zeichen. Der „Nimbus" ist eine Lichtscheibe, die das Haupt eines Menschen einschließt, der als der Gottheit nahestehend verehrt wird; daraus entwickelt sich der „Heiligenschein". In den buddhistischen Religionen umschließt die „Mandorla" die ganze Gestalt eines Menschen, der eine tiefe Beziehung zur letzten und bleibenden Wirklichkeit hat. Weil hier die Sonnenscheibe den Umrissen der menschlichen Gestalt folgt und somit die Form einer Mandel annimmt, heißt sie „Mandorla". Auch die Christen haben bei ihrem Eindringen in den germanischen Raum das Zeichen ihrer Religion, das Kreuz, der Sonnenscheibe der Germanen eingeschrieben und so zum „Sonnenkreuz" vereint.

DAS LICHT
ALS CHRISTLICHES SYMBOL

In der Bibel findet sich das Wort „Licht" 183mal. Es gehört also zu den wichtigsten Wörtern, Begriffen und Bildern, mit denen die Bibel ihre Botschaft darstellt. Der Lichtbogen spannt sich von der ersten bis zur letzten Seite: Im Buch Genesis (1,3) heißt es: „Gott sprach: Es werde Licht. Und es wurde Licht. Gott sah, daß das Licht gut war. Gott schied das Licht von der Finsternis." Das war der „erste Tag" der Schöpfung. Merkwürdig: Erst vom vierten Schöpfungstag wird berichtet, daß Gott die Lichtquellen geschaffen hat, Sonne, Mond und Sterne. Abgesehen davon, daß die einzelnen Schöpfungstage keine zeitliche Abfolge mitteilen wollen, ist hier von zwei Arten von Licht die Rede: Die Himmelskörper beleuchten die Erde und schaffen so Tag und Nacht. Wo es aber heißt: „Es werde Licht", da ist vom Einwirken Gottes auf dieser Welt die Rede — von allem, was Gott als Schöpfer der Welt und als Freund des Menschen tut.

Auf der letzten Seite der Bibel steht: „Es wird keine Nacht mehr geben, und sie brauchen weder das Licht einer Lampe noch das Licht der Sonne. Denn der Herr, ihr Gott, wird über ihnen leuchten." (Offb 22,5). Das ist ewige Vollendung: Das Licht hat sich endgültig gegen die Finsternis durchgesetzt, das Leben hat den Tod besiegt, das Gute hat das Böse überwunden, Gott ist alles in allem geworden. Der Evangelist Johannes stellt die Botschaft des Evangeliums vor allem mit Hilfe der Lichtsymbolik dar. Christus ist „das wahre Licht, das jedem, der zur Welt kommt, leuchtet" (Joh 1,9). Wer überhaupt das Evangelium kennt, der kennt auch das Wort Jesu: „Ich bin das Licht der Welt. Wer

mir nachfolgt, wird nicht im Finstern wandeln, sondern wird das Licht des Lebens haben" (Joh 8,12). In der Bergpredigt steht der unglaubliche Satz: „Ihr seid das Licht der Welt" (Mt 5,14). Wohlgemerkt: Nicht „Ihr sollt es sein", sondern „Ihr seid das Licht der Welt". Das ist nicht eine Bitte, eine Einladung oder ein Auftrag, sondern das ist schlicht eine Feststellung. Wer mit Christus das Licht in sich aufgenommen hat, der ist einfach für die Menschen in der Welt, in der er lebt, Licht geworden. Dieses Licht bleibt noch über den Tod hinaus. Die Kirche betet für ihre Verstorbenen: „Das ewige Licht leuchte ihnen". Im Leben der Kirche spielt demnach das Licht eine große Rolle. Die größte Feier des Jahres, die Osternacht, beginnt mit dem Schlagen eines Funkens aus dem Stein. Der Stein ist ein Sinnbild des Grabes, der Funke ein Sinnbild des Auferstandenen. Mit dem Funken wird vor der Kirche ein Feuer entzündet und gesegnet. Mit diesem Feuer wird die Osterkerze angezündet und in die dunkle Kirche getragen. Wenn die Gläubigen ihre mitgebrachten Kerzen daran entzündet haben und die ganze Kirche nur von diesem Licht erhellt ist, stellt der Diakon die Osterkerze auf einen Leuchter und besingt in einem wunderbaren Hymnus das Licht.

Auch Weihnachten ist ohne das Kerzenlicht nicht denkbar. Die Messe wird als „Mette" gefeiert, das heißt zur Mitternacht, also in der Dunkelheit. Dieser Dunkelheit wird die Kerze entgegengehalten, die vor der Krippe brennt. Sie versinnbildet das Licht, das in die Welt gekommen ist, die Geburt Christi. Das Licht Gottes ist in Bethlehem in unsere menschliche Geschichte eingetreten und wird von dort weitergetragen in die ganze Welt.

Aber auch jedes Kirchengebäude ist ein Spiel mit dem Licht. Geradezu faszinierend ist dieses Spiel mit dem Licht in den französischen Kathedralen, wenn die Sonne durch die bunten Glasfenster leuchtet. In Frankreich wurde auch erstmals das „Ewige Licht" vor dem Tabernakel entzündet: Im Jahre 1068 wurde in Cluny vor dem Aufbewahrungsort des „Allerheiligsten", des eucharistischen Brotes, eine große Kerze aufgesteckt, die Tag und Nacht brennen sollte, um den Besuchern der Kirche ins Bewußtsein zu rufen, daß hier das „Licht der Welt" in besonderer Weise gegenwärtig ist. Wo immer in der ganzen Welt eine Messe gefeiert wird, brennen Kerzen auf dem Altar und teilen auf ihre Weise mit, was dort geschieht.

Was Licht bedeutet, muß nicht erklärt werden. Wofür das Licht ein Bild ist, leuchtet unmittelbar ein. Wer sich dem Licht überläßt, wird den Sinn seines Lebens und dieser Welt entdecken. Licht ist ein Sinnbild.

Alexander Jalkotzy

DAS LICHT IM VOLKSGLAUBEN

Setzt man sich mit dem Licht im Volksglauben eingehender auseinander, so zeigt sich bald, in welch komplexes System man sich hierbei begibt. Begriffe wie Kerze, Wachs, Feuer, Kienspan, elektrisches Licht, Licht und Kerze im Jahres- und Lebenslaufbrauchtum tauchen auf. Wie die Sonne vertreibt jedes Licht Nacht und Finsternis. Es ist Symbol des Lebens und hat reinigende und auch zukunftserfüllende Kraft in der Form eines Orakels. Zum Licht gesellt sich noch die Wärme des Feuers und die magische Wirkung des Wachses oder Öles.

Die kirchliche Weihe des Lichtes und der Lichtträger ist die logische Konsequenz der Verehrung des Lichtes in vorchristlicher Zeit, wobei sich heidnische Erscheinungsformen und religiöses Brauchtum zu den verschiedensten Volksglaubensausformungen vermischen.

Das Feuer wird von den Menschen gleichermaßen geachtet, geschätzt und gefürchtet. Das Feuer spendet Licht und Wärme, macht die Speisen genießbar, veredelt Rohstoffe, gibt dem Glas die Form und dem Tongefäß die Widerstandsfähigkeit. Das Feuer kann aber auch vernichten, Brände zeugen davon.

Den Kerzen — und damit in Verbindung dem Wachs und dessen Produzenten, der Biene — kommt im Lebens- und Jahreslaufbrauchtum eine besondere Bedeutung zu. Die Biene ist heilig, christliches Symbol, prophetisch und spendet neben dem Wachs noch den Honig, den alten Süßstoff Met. Es ist das ureigenste Anliegen des Menschen, um etwas zu bitten, damit Gefahren abgewendet werden, damit man in Frieden leben kann, damit man sich sicher und geborgen fühlt. Diese Sehnsüchte und Wünsche des Menschen sind auch im Volksglauben verankert, der sich um das Licht rankt.

Im Bereich des Wallfahrtswesens spielt das Licht eine große Rolle. Man entzündet Kerzen vor dem Gnadenbild oder stiftet Kerzen für eine Errettung aus Not oder etwa mit der Bitte um Genesung. In größeren Wallfahrtsorten gab es sogar eigene „Wachskammern", in denen unzählige Kerzen und Wachsmotive gestapelt wurden. Votivgaben in Form von Bildern oder als Wachsdarstellungen sind entweder Dankesbezeichnungen für die Errettung aus Krankheit, Bedrängnis oder Unglück oder aber Verlöbnisbezeichnungen als Einlösung eines Gelübdes, oder sie dienen als Bittgesuche den jeweils individuellen Anliegen.

Aber nicht nur als Votivgaben, sondern auch als Devotionalien handelte man mit Kerzen, also als Erinnerung, Andenken. Zu den Besonderheiten, die man von verschiedenen Wallfahrten mitbrachte, zählen die sogenannten „Wetterkerzen", geweihte rote oder schwarze Kerzen. Diese wurden zu Hause bei drohendem Hagel oder Unwetter entzündet. An Beliebtheit gewannen sie Ende des 18. Jhs., weil 1783 das sogenannte „Wetterläuten" verboten wurde. Auch heute kann man schwarze Kerzen an Wallfahrtsorten bei Devotionalienhändlern kaufen (z. B. Altötting). Es handelt sich dabei um ca. 2 cm starke und 20 cm lange schwarze Kerzen, die vor allem am Flo-

rianitag (4. Mai) geweiht werden. Außerdem liegt nahe, Kerzen am Maria-Lichtmeßtag (2. Februar) und Blasiustag (3. Februar) weihen zu lassen. In St. Florian bei Linz findet am 4. Mai jeweils ein besonderes Hochamt statt, bei dem die typischen roten Florianikerzen — auch diese finden Verwendung als Wetterkerzen — geweiht werden.

Daß der hl. Florian angerufen wird, liegt an seiner Patronanz gegen Feuer und Blitzschlag, also indirekt gegen Unwetter. Wetterkerzen werden nach der Segnung durch den Geistlichen von der Messe mit nach Hause genommen und beim Herannahen eines schweren Unwetters angezündet, während man betet.

Die Farbe Schwarz ist durch Analogievorstellungen zu erklären: Schwarz als Farbe des Bösen, und Böses ist also durch die Farbe Schwarz zu vertreiben. Aberglaube vermischt sich mit christlichem Gedankengut und wirkt als Helfer in der Not.

Das Licht, das zum Zeichen der Gegenwart des Herrn ohne Unterbrechung vor jedem Tabernakel, in dem das Allerheiligste aufbewahrt ist, brennt, wird als „Ewiges Licht" bezeichnet. Als Brennstoff dient Olivenöl oder Bienenwachs. Bereits im 12. Jh. setzte die Verbreitung des „Ewiges Lichtes" im Abendland ein.

Betrachten wir nun das Licht im Jahreslaufbrauchtum, so ist der erste wichtige Termin der 2. Februar, Maria Lichtmeß oder „Unser Frauentag der Kerzenweihe", wie er mancherorts in Österreich heißt. Bekannt ist an diesem Tag die Kerzenweihe, oft verbunden mit einer Prozession zur Abendmesse. Man war überzeugt, daß es dem, der eine geweihte Lichtmeßkerze nicht gebührend achtet, schlimm ergehen müsse. Von der Lichtmeßkerze erwartet man vielfache Hilfe, sodaß an diesem Tag mancherlei Kerzen geweiht wurden: die lange, weiße Kerze, die auch zur Taufe und in der Sterbestunde brennt, gegen alle Arten von Unglück; die gelbe Antlaßkerze, die am Fronleichnamstag Verwendung findet; die schwarzen Wetterkerzen; die blauen, schlanken Muttergotteskerzen, die man an den Samstagen beim Rosenkranz entzündet. Seit dem 10. Jh. ist die Kerzenweihe zu Maria Lichtmeß beurkundet. In Rom wurden seit Anfang des 12. Jhs. zu Lichtmeß und den drei anderen großen Marienfesten — Verkündigung, Himmelfahrt, Geburt — Kerzen geweiht.

Die Bedeutung des Lichtmeßtages als Termin für den Dienstbotenwechsel und den Beginn des bäuerlichen Wirtschaftsjahres mit damit verbundenen Zins- und Zahlverpflichtungen ist heute bereits verloren gegangen.

Das gehäufte Auftreten von Bräuchen in Zusammenhang mit Licht in dieser Spätwinterzeit ist darauf zurückzuführen, daß die Kraft der Finsternis bereits nachläßt, die Tage länger werden und das Frühjahr mit dem Aufblühen der Natur nicht mehr weit entfernt ist.

Der 3. Februar ist der Tag des hl. Blasius, dessen Attribute die gekreuzten Kerzen und der Kamm sind. Er ist einer der 14 Nothelfer, wird bei Hals- und Kehlkopfleiden

Wachsstöcke und Kerzen als Ausdruck religiösen Brauchtums
aus der Kerzenfabrik Hofer-Kerzen in Weyer, OÖ.

angerufen und gilt als Patron der Wachszieher und aller Haustiere. Der um 320 enthauptete Märtyrer soll der Legende nach im Kerker bewirkt haben, daß eine Frau ihr durch den Wolf geraubtes Schwein zurückerhielt. Zum Dank brachte sie ihm Fleisch, Brot und eine Kerze. Als Erneuerung des Kerzenopfers könnte der Blasiussegen verstanden werden, der sich jedoch nicht weiter als bis in das 16. Jh. zurückverfolgen läßt. Bei diesem Segen hält der Priester mit der linken Hand zwei gekreuzte, brennende Kerzen vor Gesicht und Hals des Knieenden, macht das Kreuzzeichen und spricht eine Fürbitte.

Ostern steht ganz im Zeichen des Lichtes und der Osterkerze; der Auferstandene versinnbildlicht das Licht. Schon unter Konstantin dem Großen wurde die Osternacht mit Kerzen, Fackeln und Feuern taghell erleuchtet. Die Holz- und Feuerweihe erfolgt während der Auferstehungsfeier am Karsamstagabend. Seit Jahrhunderten wird das neue Feuer aus Stahl oder Stein geschlagen und daran das Osterlicht entzündet. Mit diesem Osterlicht wird dann das Feuer im Sparherd und Kachelofen entzündet, ein Unterfangen, welches bei den heutigen Zentralheizungen schon kaum mehr möglich ist. Die mit diesem Osterlicht entzündeten riesigen Osterfeuer leuchten oft weit von den Berghängen in das Tal.

Wirklich gesichert ist die Osterkerze, die aus reinem, weißen Bienenwachs geformt ist, erst seit dem 5./6. Jahrhundert. Gegen Ende des 5. Jahrhunderts verfaßte der Diakon Ennodius von Pavia seine beiden

„Benedictiones cerei", in denen er die Kerze als Symbol des Sieges über die „alte Finsternis" feiert und Gott bittet, „die Kerze mit himmlischem Segen zu beschenken, damit jedem, der davon gegen das Brausen des Windes, gegen die Geister der Stürme nach deinem Befehle nimmt, dadurch eine besondere Hilfe werde und die Gläubigen eine Mauer gegen den Feind finden..."

Um den Termin der Sonnenwende werden vielerorts Höhen- und Sonnwendfeuer entzündet. Im Gegensatz zur kalendarischen Sommersonnenwende wird im europäischen Brauchtum der Vorabend des 24. Juni als hohe Sonnenwend oder Mittsommertag angesehen. Zum Zweck der Verchristlichung dieser Tage setzt die Kirche das Geburtsfest Johannes des Täufers zu diesem Zeitpunkt fest. Der Legende nach habe man die Gefangennahme des Heiligen insofern vereitelt, als man vor vielen Wohnhäusern Feuer entzündet hat und somit die Häscher täuschte. Das Entzünden von Johannisfeuern, aber auch das Mettrinken war ehemals ein weit verbreiteter Brauch. Hier sieht man wieder die bereits anfangs zitierte Einheit von Feuer, Kerze, Wachs und Met. Zu diesem Hochsommertermin finden auch die Peterlfeuer statt; zum Peterlverbrennen gehört wie zu den anderen Sommerfeuern auch das Springen über den langsam niederbrennenden Feuerstoß.

Vor allem in Süddeutschland und Österreich kennt man seit dem 16./17. Jh. Bittprozessionen, zu denen, wie etwa am „Wetterherrntag", dem 12. Juni (Johannes und

Paul), die Gläubigen mit zahlreichen geweihten, brennenden Kerzen durch die Felder zogen. Immer wieder werden zu Prozessionen und Wallfahrten Kerzen mitgenommen und geweihte Kerzen erworben. In manchen österreichischen Wallfahrtskirchen, vor allem des Kärntner Gailtales, war es üblich, den Gnadenaltar mit einem Wachsstrang zu umziehen, der dann zerteilt wurde und als besonders wunderheilig galt. Der Lichtbratl-Montag kommt aus dem Handwerkerbrauchtum und wird jeweils am ersten Montag nach dem Michaelitag (29. September) gefeiert. Weil dieser Festtag des Erzengels Michael mit dem Schluß eines Jahresviertels zusammenfällt, galt dieser Tag auch als Übergang vom Sommer zum Winter. Warum die Handwerker diesem Tag besondere Bedeutung schenkten, geht wohl daraus hervor, daß der Tag bereits kürzer geworden ist und man zu dieser Zeit zum ersten Mal wieder das Licht zur Arbeit anzündet. Meister und Meisterin luden dabei die Gesellen und Lehrbuben zu einem „Lichtbratl" ein.

Die flackernden Lichter des Allerseelentages haben eine weit zurückreichende Tradition. Schon im frühen Christentum wurden Wachslichter in großen Mengen auf die Gräber gestellt, im Hochmittelalter kamen die sogenannten Seelenkerzen auf, und in der Neuzeit häuften sich die Stiftungen durch Adelige, Zünfte und Bruderschaften, die für eine immerwährende Beleuchtung in Grabkapellen und auf Friedhöfen Sorge trugen. Zu Allerheiligen und Allerseelen werden nach wie vor Kerzen auf den Gräbern und im Haus zur Erinnerung an die Verstorbenen angezündet.

Am Tag des hl. Martin, dem 11. November, versammeln sich die Kindergartenkinder zu einem Laternenfest. In unseren Breiten wurde dieser Brauch erst Mitte der fünfziger Jahre publik; das Vorbild dazu ist in den Laternenfesten des westlichen Deutschlands zu suchen. Die Kindergartenkinder ziehen mit ihren selbstgebastelten Laternen durch die Straßen und nehmen an einer Meßfeier teil, bei der ihnen Leben und Wirken des hl. Martin näher gebracht werden.

In der Adventzeit ist es heute selbstverständlich, daß man sich an den Sonntagen um den Adventkranz mit den brennenden Kerzen versammelt. In unseren Breiten taucht dieser Brauch vereinzelt erst in den 30er Jahren unseres Jahrhunderts auf, zu einer Zeit, als der Adventkranz in protestantischen Gebieten Deutschlands bereits weit verbreitet war. Der ursprüngliche Inhalt, das ewige Grün des Reisigs, die Endlosigkeit des Kranzes und das Licht der Kerzen, tritt immer mehr in den Hintergrund. Das Grün wird von dekorativen Kränzen aus Trockenblumen oder sonstigen Materialien verdrängt. Die ursprünglichen Farben der Kerzen, meist rot oder weiß, und der Bänderschmuck in Rot, Violett, Silber oder Gold variieren heute stark. Recht beliebt sind auch Strohkränze und in zunehmendem Maße Weihnachtsgestecke, denen ihre Herkunft vom Adventkranz nur durch die vier Kerzen anzusehen ist. Manchmal weist eines der Lichter eine andere Farbe auf und zwar jene, die für den

3. Adventsonntag vorgesehen ist. Man hat verschiedene Deutungen der Zahl Vier vorgetragen, von den vier Jahreszeiten über die vier Himmelsrichtungen bis zu den 4000 Jahren, die die Welt auf das Kommen des Erlösers warten mußte. Heute allerdings scheint jedem selbstverständlich, daß jede der Kerzen einen Adventsonntag bedeutet, was mit dem Brauchgeschehen zusammenhängt. So wird nach Einbruch der Dunkelheit das Licht entzündet, eine Adventgeschichte oder ein Adventgedicht vorgelesen, gemeinsam gebetet oder gesungen.

Der Luzientag (13. Dezember) galt bis zur Kalenderreform 1582 als der kürzeste Tag des Jahres. Und dieser Wechsel von langen Nächten auf längere Tage brachte es mit sich, daß an dieser Stelle des Jahres eine Person auftritt, die das Licht symbolisiert bzw. „die Leuchtende" genannt wird. Der Brauch des Luzienfestes ist im hohen Norden beheimatet und kam durch die Form des Kulturaustausches auch in unser Land. Die Lichterkönigin aus Schweden zieht, mit einem Kranz von Preiselbeerblättern und brennenden Kerzen auf dem Haupt, weiß gekleidet durch die Straßen und beschenkt Alte und Kranke. Das alpenländische Brauchtum kannte in seinen Mittwinterumzügen eine dunkle und eine helle Luz.

Der Brauch, am Heiligen Abend einen Christbaum aufzustellen, ist jüngeren Datums. Der früheste Beleg für Österreich stammt aus dem Jahr 1813 aus Graz, wo er durch evangelische Beamte und Flüchtlinge während der napoleonischen Kriege eingeführt worden sein soll. In Wien stand er 1814 erstmals bei einem Berliner Bankier, und 1816 erstrahlte ein Christbaum im Ansitz Erzherzog Karls, dessen Gattin, eine gebürtige nassauische Prinzessin, ihn dem österreichischen Hof und Adelskreisen bekannt machte. Erst Jahrzehnte später fand er in Bürgerhäusern Eingang.

Der älteste Einzelbeleg aus Oberösterreich stammt aus Linz, wo bereits im Jahr 1818 im Haus des Freiherren Anton von Spaun „an den dichten, von zahlreichen Kerzen erhellten Zweigen Blumengewinde, Bänder, Vögel von Seide und farbigem Papier, Wappenschilder, Puppen, ... hingen".

Um die Mitte des 19. Jhs. häufen sich die Nachrichten von Christbäumen in Oberösterreich. Die Farbe der Christbaumkerzen richtet sich nach der jeweiligen Schmückung des Baumes, sei es jetzt ein bäuerlicher Baum oder ein städtisch-bürgerlicher. Zu den Kerzen gesellen sich vielfach noch die Spritzkerzen. Auch das elektrische Licht geht am Christbaum nicht spurlos vorbei; vor allem an den Christbäumen im Freien, auf Plätzen, in Gartenanlagen und Hausgärten sind elektrische Glühlampen befestigt.

Zu den Gräbern werden um die Weihnachtszeit Adventkränze und kleine Christbäume mitgebracht.

Zu Silvester wird das Neue Jahr vielfach mit Feuerwerkskörpern eingeschossen. Im ganzen Land steigen Raketen in den nächtlichen Himmel und zeichnen die verschiedensten Formen und Farben in das Dunkel.

Der Stern der Hl. Drei Könige weist diesen drei Weisen aus dem Morgenland den Weg zum neugeborenen Christuskind. Das Licht des Sternes, der auch während der Aktion der Sternsinger mitgetragen wird, symbolisiert die frohe Botschaft vom Kommen des Herrn. Eine Besonderheit stellen die Glöcklerläufe am Vorabend des Heiligedreikönigtages im Salzkammergut dar. Es handelt sich dabei um einen sogenannten Anklopfbrauch der Passen (Burschenschaften) im Ort. Bedeutendes Merkmal sind die prachtvoll erleuchteten Hauben und die an einem breiten Gürtelriemen angehängte Glocke, die im Takt der Läufer erklingt. Die Glöcklerkappen sind oftmals alte Familienstücke, doch entstehen Jahr um Jahr neue Kappen, die charakteristische Ortsmotive zeigen. Manche Kappen sind zweieinhalb Meter lang, ein und einen halben Meter hoch und wiegen nicht selten bis zu 15 Kilogramm. Ursprünglich trug man nur kleine Kappen, deren Grundformen Sturmhut und Spitz waren. Für alle Formen gilt, daß sie von innen erleuchtet werden. Bei den älteren Lichtkappen (Hauben) hatte man „Türln", durch welche die Kerzen angezündet werden konnten. Später geschah dies durch die Kopföffnung, was das unbeabsichtigte Auslöschen der Lichter verhinderte.

Streifen wir noch kurz das Lebenslaufbrauchtum, das in Zusammenhang mit dem Licht steht: am Beginn die Taufe. Der Brauch, dem Täufling oder seinem Stellvertreter, dem Taufpaten, bei der Taufzeremonie eine brennende Kerze zu überreichen, läßt sich bis in das frühe Christentum zurückverfolgen. Diese Taufkerze wurde mitunter bis zur Sterbestunde aufbewahrt. An die Kommunionkerze knüpfen sich kaum Bräuche. Auch auf der Geburtstagstorte brennen Kerzen; zu der Anzahl der Kerzen, die den Lebensjahren entspricht, kommt noch die Lebenskerze. Zur Hochzeit gibt es keine besonderen Kerzen, dafür aber eine Tradition des Lichterbrauches, die bis in den Vorderen Orient und in die Antike verweist. Eine besondere Rolle spielen während der Trauung die Altarkerzen. Glück und Unglück, Streit und Eintracht in der Ehe hängen davon ab, ob sie während der Hochzeitszeremonie hell brennen oder trüb flackern. Den Schlußpunkt setzen die Sterbekerzen. Entweder dienen als Sterbekerzen die Taufkerzen, oder es werden eigene schwarze Kerzen mit Silberornamenten angeschafft.

Zusammenfassend kann gesagt werden: Sowohl im Jahres- wie auch Lebenslaufbrauchtum spielen Licht und Kerze, vor allem im religiösen Bereich, eine große Rolle. Auch im Zeitalter der elektrischen Beleuchtung geht vom Licht einer Kerze eine Faszination aus, der man sich nicht entziehen kann, sei es bei einem stimmungsvollen Beisammensein oder in unserer vielfältigen Brauchtumslandschaft. Die Begriffe Hoffnung, Leben, Neubeginn vermitteln Gefühle und Eindrücke im Dasein eines Menschen, die sich in den Gedankengängen um das Licht widerspiegeln und Zuversicht schaffen, um positiv denkend durch die Welt zu gehen und so manche Klippen und Schwierigkeiten überwinden zu können.

DIE PFADFINDER
VERTEILEN DAS FRIEDENSLICHT

Für die Pfadfinder in Wien brachte das Jahr 1988 erstmals die Begegnung mit dem Friedenslicht aus Bethlehem. Damals haben sich die Gruppen des 3. Bezirkes des Lichtes angenommen und ihre Freunde aus insgesamt 25 Gruppen der Bundeshauptstadt dafür gewinnen können. 1989 griffen die Wiener Pfadfinder begeistert die neuen Möglichkeiten auf, die sich durch die Öffnung in den osteuropäischen Ländern ergeben hatten.

EINBEZIEHUNG DER EXIL-PFADFINDERGRUPPEN VON WIEN

Auf Grund der enormen Aufbruchsstimmung in den Ländern Osteuropas war es gerade ein „Muß" im Jahr 1989, den Versuch zu unternehmen, das Friedenslicht auch dorthin zu bringen. Wir nahmen daher Kontakt mit der tschechischen, polnischen und ungarischen Exil-Pfadfindergruppe von Wien auf. Alle Gruppen sagten sogleich ihre Hilfe zu.

Am 22. Dezember wurde das Licht auf dem Westbahnhof den Vertretern der Pfadfinder aus den vier Ländern übergeben. Die übergroße „Handlaterne" mit den vier Landeswappen wurde von Pfadfindervertretern dieser Länder gemeinsam getragen, feierlich begleitet von einem Fahnenzug. Über 100 Pfadfinder und Pfadfinderinnen waren zum Empfang gekommen. Ein vorbereiteter Text eines Friedensgrußes wurde in den vier Landessprachen vorgetragen.

Jede Pfadfinder-Delegation gab ein Weihnachtslied in ihrer Landessprache zum besten. Wir waren uns alle der Einmaligkeit dieses Augenblickes bewußt. Zum ersten Mal nach dem 2. Weltkrieg fielen die Schranken, die „Mauer", der Stacheldraht zwischen nachbarlichen Staaten und Völkern, und wir durften unser kleines Scherflein zur friedlichen Verständigung beitragen.

DAS FRIEDENSLICHT IN PRAG

Durch den Gruppenführer der tschechischen Exil-Pfadfindergruppe von Wien, Radko Pavloveć, wurde das Friedenslicht am 23. Dezember am Prager Hauptbahnhof feierlich an 300 Pfadfinder aus Prag und Umgebung, darunter auch Mitarbeiter der neuen Führung der tschechoslowakischen Pfadfinderschaft, übergeben. Dies war auch die erste offizielle Begegnung zwischen der schon seit Jahren existierenden tschechischen Exil-Pfadfindergruppe in Wien und den offiziell noch nicht existierenden ersten Pfadfindern in Prag.

Das Licht aus Bethlehem wurde auf dem Slavín, einem Friedhof für bedeutende Persönlichkeiten, auf die Gräber von Prof. A. B. Svojsik, dem Gründer der tschechoslowakischen Pfadfinderbewegung, und Frau Vlasta Koseova, der letzten Führerin der Pfadfinderinnen, gebracht. Anschließend wurde das Friedenslicht vor der Statue des hl. Wenzel auf dem Wenzelsplatz zur Verteilung aufgestellt.

DAS FRIEDENSLICHT IN POLEN

Die Pfadfinder Österreichs und Polens sind bereits seit 12 Jahren freundschaftlich verbunden. Seit diesem Zeitpunkt wird ein

Der Friedensgruß wird bei der Übergabe des Friedenslichtes am 22. Dezember 1989
am Wiener Westbahnhof von Pfadfindern
in vier Sprachen (Ungarisch, Polnisch, Deutsch und Tschechisch) gesprochen.

kontinuierlicher Pfadfinderaustausch gepflegt.

Wien steht vor allem mit den Wroclawer (früher Breslau) Pfadfindern in Kontakt. Es schien daher ein leichtes, das Bethlehemslicht über Wroclaw nach Warschau etc. zu bringen. Ende Dezember fand in Wroclaw erstmals ein internationales, christliches Jugendtreffen der Taizé-Bruderschaft statt, bei dem 5000 Jugendliche aus aller Welt erwartet wurden. Da die Pfadfinder dabei mitwirkten, mußte die Lichtaktion auf 1990 verschoben werden. Jedoch erhielten wir von der polnischen Exil-Pfadfindergruppe in Wien, „Polanie", volle Unterstützung. Die Gruppenführung, Herr und Frau Czyzak, bauten in Kürze eine Lichterkette von Krakau — Kattowitz — Posen nach Warschau auf. Außerdem war diese polnische Gruppe beim Empfang des Lichtes am Wiener Westbahnhof mit einer großen Abordnung vertreten.

DAS FRIEDENSLICHT IN UNGARN

Durch die früher stattgefundenen politischen Umwälzungen zeitlich begünstigt, waren 1989 die ungarischen Pfadfinder bereits neu gegründet. Der freundschaftliche Schulterschluß mit den österreichischen Pfadfindern war bereits vollzogen. Auch die ersten ungarischen Führeraspiranten hatten bereits an einer Führerausbildung der Wiener Pfadfinder teilgenommen. Bei diesem Ausbildungskurs hörten die ungarischen Pfadfinderbrüder und -schwestern erstmals von der Friedenslicht-Aktion und

faßten spontan den Entschluß, sich dabei aktiv zu beteiligen. Damit war die Weitergabe des Lichtes nach Ungarn kein Problem mehr. Einer unserer ungarischen Kontaktmänner, Ede Nezval aus Budapest, kam mit einer Pfadfinderabordnung am 23. Dezember eigens nach Wien, um im Wiener Landesverband das Licht abzuholen und es in seine Heimat zu bringen, wo auch für eine flächendeckende Weiterleitung gesorgt wurde.

Da die ungarischen Pfadfinder beim offiziellen Empfang des Lichtes am Westbahnhof aus beruflichen Gründen nicht anwesend sein konnten, wandten wir uns um Entsendung einer ungarischen Delegation an die ungarische Exil-Pfadfindergruppe in Wien, welche sich sogleich hilfreich zur Verfügung stellte und auch bei der Verteilung in Ungarn erfolgreich mitwirkte.

DIE ÜBERRASCHUNG: DAS FRIEDENSLICHT GEHT ÜBER DIE RUMÄNISCHE GRENZE NACH TEMESVAR

Wir erfuhren es erst im nachhinein — aber unsere Freude war mindestens genau so groß: Am 24. Dezember um 17.00 Uhr wurde durch unsere ungarischen Pfadfinderbrüder das Friedenslicht über die rumänische Grenze in das umkämpfte Temesvar gebracht. Der Grenzposten, der von dieser Aktion natürlich keine Ahnung hatte, war nach der Erklärung der Bedeutung dieser Friedenslicht-Aktion zu Tränen gerührt und ließ die Friedensboten passieren.

DAS FRIEDENSLICHT IM ECHO DER PRESSE

Das Jahr 1989 eröffnete der Aktion „Friedenslicht" eine neue Dimension: die internationale Ausweitung über die Grenzen Österreichs hinaus. Dadurch ist es aber auch möglich geworden, dieses Licht aus Bethlehem noch mehr im Bewußtsein der Oberösterreicher zu verankern. Die Übergabe des Lichtes an den Papst und die Überreichung auf dem Stadtplatz von Budweis haben das Friedenslicht wohl zu einem gleichsam offiziellen Anliegen gemacht. Die Berichterstattung in den Zeitungen beweist das.

In den ersten Jahren wurde über unsere Aktion vor allem als Initiative des ORF-Landesstudios berichtet. 1989 spiegeln die Berichte und Reportagen der Zeitungen gleichsam schon die Selbstverständlichkeit wider, mit der das Friedenslicht in Bethlehem zum Allgemeingut in Oberösterreich geworden ist.

Als Sabine Hainzl, die Sängerin Silvie und das Fernsehteam von FS Oberösterreich am Mittag des 17. Dezember in Linz-Hörsching landeten, wurde uns am Flughafen in Hörsching als erstes die Sonntagsausgabe der *Neuen Kronenzeitung* gezeigt: Auf dem Titelblatt prangte das Bild, wie Sabine Hainzl dem Papst die Laterne mit dem Friedenslicht überreichte, dahinter die Piloten der LITAG, die uns mit dem Licht wohlbehalten nach Rom und zurück gebracht hatten. Dieses Bild war der Aufmacher der Sonntagszeitung mit den Berichten über die große Aktion der Oberösterreicher in Rom.

Die *Oberösterreichischen Nachrichten* schilderten in ihrer Berichterstattung über die Übergabe des oberösterreichischen Christbaumes und des Friedenslichtes an den Papst die aufregenden Momente der eigentlichen Überreichung des Lichtes: „Gelassen blieb zunächst die dreizehnjährige Gymnasiastin Sabine Hainzl aus Ebensee. Als sie aber dem Papst das von ihr in Bethlehem entzündete Friedenslicht überreichte, wurde auch sie nervös — vor Ehrfurcht: ‚Ich hab' richtig gezittert.' Aufregung erfaßte die auch sonst recht lockere Linzer Popsängerin Silvie, als sie Johannes Paul II. ihre ‚Lied vom Licht'-Schallplatte schenkte."

Auch das *Neue Volksblatt* ging in seiner Ausgabe auf diesen Augenblick ein: „Den großen Auftritt hatte auch Sabine Hainzl aus Ebensee. Die dreizehnjährige Gymnasiastin überreichte dem Papst das Friedenslicht aus Bethlehem und gestand im Anschluß — ebenso wie die Popsängerin Silvie, die dem Papst ihre Single ‚Lied vom Licht' mitgebracht hatte —, doch einiges ‚Nervenflattern' gehabt zu haben."

In der Tageszeitung *Die Presse* wies Pia Maria Plechl darauf hin, daß das dem Papst übergebene Licht auch sonst die Grenzen Österreichs überwinden würde: „Mit Freude nahm er (der Papst) auch ein Licht entgegen, das — von einem Kind aus Bethlehem geholt — nun auch in die ČSSR und die DDR, nach Polen und Ungarn gebracht wird."

Die *Linzer Kirchenzeitung* widmete der Übergabe des Friedenslichtes und des Weihnachtsbaumes in Rom eine ganze Seite ihrer Ausgabe vor Weihnachten. „Weihnachtsfreude aus Oberösterreich im Herzen der Weltkirche" ist der Titel. Unter einem Bild, das Sabine Hainzl mit dem Friedenslicht zeigt, weist auch die Kirchenzeitung darauf hin, daß dieses Licht 1989 erstmals in Ungarn, Polen, der ČSSR und der DDR leuchten würde.

Ausführlich haben die Zeitungen und die Austria Presseagentur auch über die Übergabe des Friedenslichtes auf dem Stadtplatz von Budweis am 23. Dezember berichtet.

Die *Salzburger Nachrichten* etwa wählten für ihren Bericht den Untertitel „Feierliche Übergabe trug Züge eines Staatsbesuches". Zitiert wird in diesem Bericht Landeshauptmann Dr. Ratzenböck, der den Besuch mit der Lichtübergabe als einen „Markstein des Neubeginns und der Neuordnung der zwischenstaatlichen Beziehungen zwischen Oberösterreich und der ČSSR" bezeichnete. Die Weitergabe des Lichtes auf dem Stadtplatz von Budweis bis zum Dom unterstreichen die Salzburger Nachrichten mit dem Satz: „Tausende ČSSR-Bürger setzten damit eine Geste des Friedens."

Das persönliche Erlebnis des Ebenseer Mädchens Sabine Hainzl stand natürlich im Vordergrund eines großen Berichtes der *Salzkammergut-Zeitung*. Sabine schildert in diesem Artikel, wie sie die Stunden in Bethlehem, Rom und Budweis erlebt hat. „Eine Kerze aus der Geburtsgrotte von Bethlehem, ein Behälter mit Jordanwasser, eine Porzellankrippe aus Budweis und ein Rosenkranz, persönlich überreicht von Papst Johannes Paul II., werden mich mein ganzes Leben lang an Weihnachten 1989 erinnern", schildert das Mädchen in der Salzkammergut-Zeitung.

Das *Tagblatt* nahm schließlich in seiner Ausgabe vom 29. Dezember noch einmal das Thema „Friedenslicht" auf und zitiert unser Bemühen, das zarte Licht inmitten der Hektik einer weihnachtlichen Fernsehsendung zu bewahren: „Wir haben das Friedenslicht wie unseren Augapfel gehütet, was bei den Tücken der Technik in einem Fernsehstudio gar nicht so leicht war." Schließlich berichtet das Tagblatt, daß Sabine Hainzl nach ihrer „Marathontour durch halb Europa", wie es im Artikel wörtlich heißt, noch vom Pfarrer ihrer Heimatgemeinde Ebensee eingeladen wurde, selbst das Friedenslicht bei der Christmette in ihrer Heimatkirche zu entzünden.